古文字與中華文明傳承發展工程

安徽大學漢字發展與應用研究中心 編

徐在國 主編

戰國文字研究

第八輯

北京師範大學出版集團
安徽大學出版社

圖書在版編目（CIP）數據

戰國文字研究.第八輯/安徽大學漢字發展與應用研究中心編；
徐在國主編.—合肥：安徽大學出版社，2023.12
 ISBN 978-7-5664-2783-0

Ⅰ.①戰… Ⅱ.①安…②徐… Ⅲ.①漢字－古文字－研究－戰國時代 Ⅳ.①H121

中國國家版本館 CIP 數據核字（2024）第 011419 號

戰國文字研究（第八輯）
Zhanguo Wenzi Yanjiu

安徽大學漢字發展與應用研究中心　編
徐在國　主編

出版發行	：北京師範大學出版集團 安 徽 大 學 出 版 社 （安徽省合肥市肥西路3號 郵編230039） www.bnupg.com www.ahupress.com.cn
印　　刷	：合肥創新印務有限公司
經　　銷	：全國新華書店
開　　本	：787 mm×1092 mm　1/16
印　　張	：12.25
字　　數	：159千字
版　　次	：2023年12月第1版
印　　次	：2023年12月第1次印刷
定　　價	：70.00圓

ISBN 978-7-5664-2783-0

策劃編輯：李　君	裝幀設計：李　軍
責任編輯：陳宣陽	美術編輯：李　軍
責任校對：龔婧瑶	責任印製：陳　如　孟獻輝

版權所有　侵權必究

反盜版、侵權舉報電話：0551—65106311
外埠郵購電話：0551—65107716
本書如有印裝質量問題，請與印製管理部聯繫調換。
印製管理部電話：0551—65106311

學術顧問	李家浩	黄德寬				
主　　編	徐在國					
編　　委	郝士宏	程　燕	袁金平	劉　剛	李鵬輝	
	夏大兆	周　翔	蔣偉男	顧王樂	楊　爍	

目 錄

"戰國文字研究青年學者論壇"致辭 　　　　　　　　　陳義平　（1）

識字與訓詁

　　——在"戰國文字研究青年學者論壇"的致辭　　　杜澤遜　（4）

"戰國文字研究青年學者論壇"致辭　　　　　　　　　吳懷東　（6）

介紹幾枚新見有銘戰國銅權　　　　　　　　　　　　黃錫全　（9）

燕國量制續考　　　　　　　　　　　　　　　　　　李春桃　（20）

關於兩件"陳曼簠"銘文之間的文本差異及其產生原因　崎川隆　（24）

中山王器銘文研究（四題）　　　　　　　　　　　　周　波　（32）

秦兵器銘文校釋二則　　　　　　　　　　　　　　　王　偉　（50）

談談幾件低紀年上郡兵器的年代　　　　　　　　　　湛秀芳　（55）

安大簡《曹沫之陳》"剌"讀"搏"試說　　　　　　　　范常喜　（60）

據安大簡《詩經》用字談楚簡"㫃襡"之義　　　　　　侯乃峰　（67）

安大簡《詩經》所見"舀""滔"義解

　　——兼談《論語》一處異文來源　　　　　　　　梁　鶴　（79）

㝬簋銘文"猒士"新解　　　　　　　　　　　　　　　王永昌　（87）

《唐虞之道》"訇"字辨析　　　　　　　　　黃　傑　鄭怡寧　（92）

讀楚簡札記兩則　　　　　　　　　　　　　　劉　雲　（104）

戰國文字从"希"諸字與"肆"字的關係　　　　　鄧佩玲　（110）

戰國文字"采""裘"疏補　　　　　　　　　　　徐俊剛　（128）

説楚文字中的"槖"　　　　　　　　　　　　　馬　超　（138）

試論出土戰國文獻中的"而已"及其詞彙化的過程與機制　羅祥義　（151）

古璽文字考釋三則　　　　　　　　　　　　　張　飛　（165）

秦封泥姓名印考釋六則　　　　　　　　　　　朱　晨　（174）

讀天回醫簡札記一則　　　　　　　　　　　　李婷璇　（183）

"戰國文字研究青年學者論壇"致辭

陳義平

尊敬的杜澤遜院長、吴懷東院長、徐在國主任,各位專家、各位朋友:

大家上午好! 我謹代表安徽大學文科處,向撥冗參會的各位專家學者表示熱烈的歡迎和衷心的感謝。

安徽大學作爲教育部與安徽省省部共建的雙一流建設高校,"十三五"至今,我校人文社會科學發展迅速,成就顯著。(一)研究隊伍不斷擴大,結構不斷優化。學校專門從事哲學社會科學工作的教學科研人員有近1100人,初步形成高層次人才加速匯聚、關鍵領域骨幹人才精准匯聚、服務發展急需人才重點匯聚的局面。(二)科研平臺機構發展迅速,布局日趨合理。學校有省部級以上部門認定的哲學社會科學實體性重點研究機構21個。(三)學科建設體系不斷健全,實力顯著增强。人文社會科學類一級學科博士點11個,國家一流本科專業建設點22個。我校以人文學科見長、社會科學也加快發展的學科人才體系格局日漸增强。(四)重大科研項目持續立項,科研經費數連續攀升。近五年人文社科科研經費累計到賬2.6億元,獲批國家社科基金158項,占全省國家社科基金立項數的27.8%,年獲批數連續位居全國高校前列。(五)重大標志性成果突出,社會服務成效顯著。近五年出版高水準學術著作400餘部,在《中國社會科學》等核心期刊發表高質量學術論文2000餘篇,獲教育部和安徽省社科獎獎勵62項。

以戰國文字研究爲特色的漢字發展與應用研究中心是我校首批省教育廳重點人文社會科學研究基地、安徽省哲學社會科學重點實驗室。其所在的漢語言文字學科是國家級重點學科。繼 2014 年成爲國家 2011 出土文獻與中國古代文明研究協同創新中心後，又於 2021 年成功入選國家首批"古文字與中華文明傳承發展工程"協同攻關創新平臺組成單位。學校高度重視漢字中心的建設，在文學院和全校的大力支持下，2022 年 4 月正式將"漢字發展與應用研究中心"列爲學校獨立的二級科研機構。該中心先後在黄德寬、徐在國教授的帶領下，匯聚一批中青年學人，他們甘坐冷板凳，孜孜不倦地投身古文字和出土文獻研究，取得了豐碩的成果。近幾年來，漢字中心成員獲得國家社科基金重大委托項目、國家社科基金"冷門絶學"研究專項學術團隊項目、教育部哲學社會科學重大委托項目以及教育部、國家語委甲骨文等古文字研究與應用專項重大項目等國家級項目 10 餘項。古文字智能化與中華優秀文化傳承實驗室今年獲批省委宣傳部、省教育廳立項的省哲學社會科學重點實驗室。中心教師的科研成果獲教育部高等學校人文社科優秀成果一等獎（2 次）、安徽省社會科學獎一等獎（4 次）等省部級以上獎勵 10 多項。

　　2015 年安徽大學從海外搶救回一批珍貴的戰國竹簡，内容包含多種古書，涉及經學、史學、哲學、文學和語言文字學等多個學科領域，爲古代經學史、思想史、楚史、文學史和語言文字研究提供了新的寶貴資料，對中國古代文明研究具有重大的價值。《安徽大學藏戰國竹簡（一）》和《安徽大學藏戰國竹簡（二）》一經公布便引起了社會各界的廣泛關注，中央電視臺、新華社、光明日報、人民日報、安徽衛視等各大媒體都進行了詳細深入的報導，學術界也掀起了一股研究的熱潮。漢字中心現在已經成爲我校在人文社會學科領域的一張亮麗名片，同時也是我校雙一流建設的重要抓手。

　　習近平總書記在黨的二十大報告中指出："堅持和發展馬克思主義

……必須同中華優秀傳統文化相結合。"在安陽殷墟考察時又强調:"中華優秀傳統文化是我們黨創新理論的'根'。"學習黨的二十大報告和總書記的講話精神,我們深切地感受到,在推進中華民族偉大復興的進程中,人文學科要根植於中華優秀傳統文化沃土,勇於擔負起時代賦予的使命,按照新時代、新征程、新要求來對標定向,科學闡釋中華優秀傳統文化的精髓,爲全面建設社會主義現代化國家貢獻我們的一份力量。

這次"戰國文字研究青年學者論壇"的召開,也是爲實現中華文明追根溯源和文化自信、文化復興添磚加瓦。期待這次會議能夠爲學校人文學科建設帶來新思路,並對提升安徽大學的人文學科核心競爭力產生積極作用。同時希望漢字中心能與校內外相關學科資源進行深度合作,繼續深入探究戰國文字等古文字蘊涵的奧秘,努力推進古文字學科的高質量發展,在中華優秀文化的創新性發展和創造性轉化上爭做表率,在打造標志性成果上再創佳績。我們衷心感謝澤遜院長和各位嘉賓對安徽大學的關心、支持,也熱誠懇請大家繼續關愛、支持和幫助文學院、漢字中心的建設和發展,我們願與在座的諸位一道,携手推動文字學及出土文獻等相關學科的共同繁榮,共用當代人文學科的輝煌時代!

最後,祝所有與會專家身體健康,研討愉快,預祝大會取得圓滿成功!謝謝大家!

識字與訓詁
——在"戰國文字研究青年學者論壇"的致辭

杜澤遜

各位專家，各位領導：

上午好！

今天由安徽大學漢字發展與應用研究中心、山東大學文學院合辦的"戰國文字研究青年學者論壇"具有重要的學術意義。"安大簡"的整理研究把安徽大學古文字研究進一步推向學術前沿，在海內外產生了廣泛而深刻的學術影響。我們國家的漢字是人類文明的重要成就，漢字從產生之時起，一直沿用至今，具有非凡的生命力，是中國文明綿延數千年的重要工具。中國的歷史主要是通過文字記載下來的，因此要認識古代文獻，首先要認識古代漢字，尤其是古文字。古文字材料主要部分是出土的文字材料，由於漢字古今演變經歷了漫長的、複雜的過程，因此，當代人要跨越數千年認識古漢字，就有了巨大的困難，這門學問逐步形成了一個學科——古文字學。古文字有自己系統完整而且成熟的方法，且取得了巨大成就，但是還有很多問題需要進一步解決。有些問題一時解決不了，還要留給下一代去解決；有些傳世典籍，如《老子》《周易》《論語》，即使文字問題解決了，也還要一代又一代人去傳承，在傳承中發現新問題，從而加深認識，發掘更深的文化內涵。世界古老的文明都是一樣的，那就是研究工作永遠不可能終結。我們現在把更多的熱情投在新出土的文字材料上，那當然沒有錯，但出土較早的文字材料仍然需要去研究。

從那些經過反復研究的材料中發現並解決新問題，往往是高水準人才成長的道路，這是一點。

第二點則是識字與訓詁既有密切聯繫，又有一定區別。出土文獻大都不是單字材料，而是由文字形成的語鏈。文字認出來了，還要去深入發掘其含義。《老子》這本書不認識的字不多，而訓詁和義理却不見得都清楚了，所以識字解決了形、音、義等基本問題，却不一定完全解決了訓詁和義理問題，應當閱讀更多的傳世文獻和出土文獻，把出土文獻放在更大的文獻環境中去認識，才能達到較高的水準，从而成爲優秀的文字學家。應當説，文字學有巨大的張力，它絕不僅僅限於語言文字學，文字材料記載着幾乎所有學科的歷史材料。因此，文字學家也就面臨巨大的知識挑戰。也正是因爲這個原因，文字學家也就有了成爲具有跨學科影響的學術大師的最大可能。

希望我們的青年專家，能够逐步成長爲學術大師，相信參加會議的各位青年同志有足够的能力和信心實現這一遠大的理想。謝謝！

"戰國文字研究青年學者論壇"致辭

吴懷東

尊敬的杜澤遜教授好！陳義平處長好！主持人好！參會的各位專家、各位青年才俊，大家早上好！

剛才陳處長講到，在安徽大學領導和文科處的關心支持之下，漢字發展與應用研究中心實現了獨立建制，專門的人做專門的事，這項英明決定受到教育部、國家語委有關領導的高度肯定。漢字中心從管理、考核的角度實現了獨立，從學科建設的角度說，是更專注地爲安徽大學中國語言文學學科做貢獻。我作爲安徽大學中國語言文學學科的負責人，對由安徽大學漢字中心和山東大學文學院聯合主辦的"戰國文字研究青年學者論壇"如期開幕，表示熱烈祝賀！

我們安徽大學的中國語言文學學科，特別是古文字學科，通過多年持續不斷的努力和積累，所作出的成績不需要我來介紹，南京大學文學院魯國堯教授，就肯定其是國内知名的"古文字研究重鎮"。黄德寬教授和徐在國教授高瞻遠矚，花大力氣，購藏了"安大簡"，爲先秦文字學研究和先秦史、文學史、思想史研究提供了重要資源。今天參會的諸位都是專家，"安大簡"的内容和價值不需要我班門弄斧饒舌辭費。我相信，通過學者們的研究，包括今天參會的年輕學者的積極參與，古文字學和先秦史研究一定會取得某些突破性的進展。衆所周知，資料與文獻是任何研究活動開展的基礎，而對於要實現傳統學術研究創新來説，對於年輕學者來説,其重要性更不言而喻。我認爲,年輕的學者們關注"安大簡",是有學術眼光的選擇和判斷,我們歡迎青年學者積極關注"安大簡"。我也相信,"安大簡"研究一定會産生一大批優秀成果,必將湧現一批傑出的學者!

晉宋之際著名田園詩人陶淵明在《移居二首》中説:"昔欲居南村,非爲卜其宅。聞多素心人,樂與數晨夕。"我想,自覺選擇學術研究作爲自己終身職業的人都是熱愛學術的人,就如同陶淵明所説都是"素心人",大家在一起以文會友,切磋交流,當然是十分愉快、十分優雅的事情。學術活動是最高級的思想創新活動,學術創新、學術評價都需要學術共同體的共同努力。祇有實實在在地討論,祇有面紅耳赤地切磋,互相激發,思想才有活力,學術才能創新。我想,舉辦這個論壇的重要意義就在這裏。

黨的二十大剛剛結束,習近平總書記百忙中親自到河南安陽殷墟文字博物館考察指導,由此可見總書記對古文字工作、對優秀傳統文化研究、傳承工作的高度重視。人類社會要存在,要發展,就必須交流,文字的創造和發明是人類社會發展進入文明時代的重要標志。在世界文字發展史上,祇有漢字從創造之日起延續使用至今未曾發生根本性的變革。漢字不僅是中華民族最重要的交流工具,也是傳承傳播中華文明的重要載體。在世界"四大文明"中,中華文明是世界上唯一延續至今的古典文明,漢字發揮了無法替代的巨大作用。加强對漢字的研究,是中國優秀傳統文化研究、傳承的基礎工作;加强對中國優秀傳統文化研究、傳承,也是在互聯網、地球村時代實現人類文明互鑒、促進人類共同發展的需要。因此,近些年,國家有關部門在科研項目、人才培養方面,都設置了古文字專項。可見,諸位所做的工作,正如陳寅恪先生的詩句所謂:"吾儕所學關天意!"雖然我們中國語言文學學科不是學校"雙一流"建設學科,但是,我們安徽大學漢字中心的全體師生、安徽大學文學院的全體師生,也將努力和今天參會的青年才俊一道,積極參與新時代優秀傳統文化研究、傳承的偉大事業!

　　我期待參會的青年才俊多多關心安徽大學中國語言文學學科的建設,歡迎青年才俊有機會親自到安徽大學漢字中心和文學院實地考察、指導!

　　最後,預祝論壇取得圓滿成功!祝諸位交流愉快!

介紹幾枚新見有銘戰國銅權

黄錫全

〔摘　要〕　本文分别介紹新見銘文爲"安邑四""盩府半釿""盧府""莆子銒塚"等幾種銅權,並對其中的文字及涉及的問題作了一些分析,可供有關方面研究者參考、利用。

〔關鍵詞〕　介紹　新見　有銘　銅權

近些年,筆者先後見到幾件戰國銅權,對於研究有關戰國衡制、貨幣及文字有重要參考價值。現分别予以介紹,以饗讀者。

一、"安邑四"長條形權

2018年3月30日,河北師大朱安祥博士發來"龍驤古泉"網3月9日發布的署名酌泉《新見戰國"安邑三"布權》文,得悉又有一件比較特别的"權"面世(圖1)。

據所發圖片,此權通體緑鏽,有紅斑,呈長條形,上窄下寬;上部束腰形,束腰中間有一小孔,便於繫提。據介紹,此權長6.5厘米,最寬處3.1厘米,重18.2克。一面中部自上往下刻有銘文"安邑三"三字。

---

*　本文系"古文字與中華文明傳承發展工程"項目"先秦貨幣文字新編"(G1428)的階段性成果。

"安邑三"之"安邑",顯然爲地名,"三"爲數目字"四"。有"安邑"地名的布幣,祇見有魏國的橋足布,即所謂"釿布"。"安邑"釿布有三種,即安邑二釿、安邑一釿、安邑半釿。二釿布重17.5—31.5克,一般在28克上下;一釿布重12.5—16克,一般在14克上下;半釿布重6—8.1克,一般在7克上下。① 此枚重量相當於"安邑二釿"最低者,但比"安邑一釿"之重要高。根據其造型,判斷屬於稱量的布權當是比較切合實際的。但"四"字則難以確定其具體所指。若指四枚半釿布,其重量也得28克左右,與18.2克相差懸殊。

過去已發現的有稱量布幣的所謂銅牌,上部有鼻孔,可以穿繫或懸吊。這種銅牌,一面有刻銘"宅陽三鋝""皮氏六鋝""露十鋝"等(圖2)。後兩種重量不詳,但"宅陽三鋝"重20克,與四枚"宅陽"方足布之重正好相當。可知這種銅牌是稱量四枚"宅陽"小方足布的權。推斷另外兩種則是稱量"皮氏""露"小方足布的。我們認爲"鋝"相當於"銓"或"秤",即砝碼(布權)。② 有學者則主張"鋝"讀爲"錢"。③ 不論如何理解,對其爲稱量方足布的權則無分歧。

此權銘文"安邑三"顯然不是稱量"安邑"重釿布四枚之權。相互比較,我們推測其當是稱量四枚"安邑"小方足布的權。魏國在釿布之後很可能鑄行過"安邑"小方足布,祇是如今没有發現而已。

傳說中的"禹都安邑",在今山西夏縣西北15里禹王城。相傳夏啓建都於此,桀又居之。此地是戰國時期魏國早期都城(前475年—前364年;前403年韓、趙、魏並立爲諸侯)。戰國前期,魏國領土主要在河東,定都安邑。隨着魏國在東方不斷開疆拓土,魏國的主要疆域變爲河南地

---

① 可參見黃錫全《先秦貨幣通論》,北京:紫禁城出版社,2001年,第118頁。
② 黃錫全:《新見一枚"宅陽"布權》,《中國錢幣》2004年第2期,第8—10頁。
③ 陳劍:《關於"宅陽四鈴"等"布權"的一點意見》,《古文字研究》第二十六輯,北京:中華書局,2006年,第382—385頁。

區,再加上安邑地處河東一隅,不利於控制東方諸侯,穩固霸業,於是魏國遷都大梁(今河南開封)。遷都大梁的時間説法不一:有魏武侯二年(前395年)、梁惠成王九年(前362年)、魏惠王六年(前365年)等説。①魏國遷都以後,安邑因與韓、秦接近,曾一度失守,但在相當一段時間内還是屬於魏國。如《史記·秦本紀》秦孝公十年:"衛鞅爲大良造,將兵圍魏安邑,降之。"時在公元前352年。《史記·白起傳》載:秦昭襄王十四年(前293年)"涉河取韓安邑以東,到乾河",是安邑曾一度屬韓。《史記·秦本紀》秦昭襄王二十一年,"攻魏河内,魏獻安邑"。湖北雲夢秦簡《編年紀》記述秦昭襄王"廿年,攻安邑"②。即公元前286或287年,此地又屬魏,最終入秦。

　　一般認爲"安邑"鈵布是魏國遷徙大梁之前的鑄幣。③那麽,遷都之後"安邑"之地很可能鑄行過小方足布。换言之,魏國於公元前365—前287年間可能鑄行過"安邑"小方足布。按照此權"安邑四"重18.2克計算,一枚小方足布重在4.55克左右,與已發現魏國方足布中的輕者重量大體相當。④這個推斷是否屬實,有待出土實物檢驗。

---

　　①　魏國何時遷都安邑,説法不一。可參閲陳昌遠:《魏國徙都大梁時間及其經濟發展》,《中國歷史地理論叢》1997年第4期(主張魏惠王六年徙都大梁)。有關安邑,可參見錢穆:《史記地名考》,北京:商務印書館,2001年,第624頁;復旦大學歷史地理研究所《中國歷史地名辭典》編委會編:《中國歷史地名辭典》,南昌:江西教育出版社,1989年,第343頁;馬保春:《晉國地名考》,北京:學苑出版社,2010年,第236頁。遷都大梁於魏武侯二年説,見《史記·秦本紀》;惠王三十一年(前339年)説,見《史記·魏世家》;梁惠成王九年説,見《魏世家》集解引《汲冢紀年》;魏惠王六年説,見《水經·渠水注》引《紀年》。

　　②　睡虎地秦墓竹簡整理小組:《睡虎地秦墓竹簡》,北京:文物出版社,1978年,第4頁、9頁注⑫。

　　③　何琳儀:《橋形布幣考》,《吉林大學社會科學學報》1992年第2期,第53—57頁。黄錫全:《先秦貨幣通論》,第118頁。

　　④　黄錫全:《先秦貨幣通論》,第162頁、81—83頁。

《中國歷代貨幣大系·先秦貨幣》著録一枚"安邑陽"方足布（2089號，見圖3），注明出自《沐園泉拓》，重量不詳。① 或以爲此即"安陽"，安字從邑。或以爲是"安邑之陽"，在山西夏縣。若釋讀"安邑陽"不誤，則説明"安邑"之地鑄行過方足布。②

若"三"是記這種長條形權的次序號，但重量比安邑一釿要重，不好理解，故不采取此説。"三"下是否有字被鏽覆蓋，值得注意。

圖1　"安邑三"布權　　　　圖2　"宅陽三鈴""皮氏六鈴"
　　　　　　　　　　　　　　　　"露十鈴"銅牌

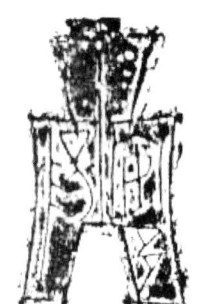

圖3　"安邑陽"方足布

---

①　馬飛海總主編、汪慶正主編：《中國歷代貨幣大系·先秦貨幣》，上海：上海人民出版社，1988年，第520頁。簡稱《大系》。

②　有關"安陽"布可參拙著：《先秦貨幣研究》，北京：中華書局，2001年，第159－160頁。

二、"盬府半釿"長條形權

2020年6月9日,唐晉源先生發來下列器物圖片。此器呈長條形,上有穿孔,青銅質地,有刻銘四字,據說出自河南駐馬店一帶,僅見一枚。遺憾的是下部殘缺一塊。

圖4 "盬府半釿"權

第一字，上部左側筆畫因實物有點殘缺,我們一開始考慮文字是否有缺。經仔細觀察,所見字形大體完整。此字上部從，根據字形,可以比較者有溫、盟、盧、盬等字。經過分析,此物屬三晉,字形與昷、盟構形有別;儘管與有的"盧"字所從有些類似,但還未見"盧"省"虍"作者,而且與下面介紹的"盧府"布權文字不同。因此,我們傾向此字當是從"鹵"的盬,即"鹽"字。或認爲盬是會意字,從皿從鹵,本義是煮鹽。① 所從的"鹵"筆畫變化不一。如下列包山簡2.147"煮盬(鹽)於海"、上博簡二容

---

① 趙平安:《戰國文字中的鹽及相關問題研究》,《考古》2004年第8期,第56—61頁;后更名作《戰國文字中的鹽及相關資料研究》,收入氏著《新出簡帛與古文字古文獻研究》,北京:商務印書館,2009年,第131—142頁。有關字形可參閱其解釋。近又見其文《清華簡〈五紀〉與齊"徙鹽之鹽"》,2022年11月5日—6日於西南大學舉行的"中國古文字研究會第二十四屆年會"網絡會議"現場論文集"(未收入《古文字研究》第三十四輯者)。

成氏簡 3"煮盥(鹽)"、亡(無)鹽戈等的"鹽"①,及楚金幣"鹽金"之"鹽"②、古璽的"鹽"等。盥即鹽,過去僅見於《五音集韻》,現在例證不勝枚舉(可參閱趙平安文):

鹵、盥及從"鹵"者:

上博簡二·容 3　亡鹽戈

璽彙 3558　包山 238

包山 227　　楚金版鹽金

璽彙 0322 齊"緟巷徙鹽金璽"

璽彙 0198"昜都邑聖(?)徙鹽之璽"

　　第二字爲"府"字,與三晉"府"類同,從广、付、目(貝省),如下列之例③:

---

①　字形可參見滕壬生:《楚系簡帛文字編》(增訂本),武漢:湖北教育出版社,2008 年,第 990 頁鹽、盥,第 938 頁溫。湯餘惠主編:《戰國文字編》(增訂本),福州:福建人民出版社,2015 年,第 777 頁鹽,第 319、734 頁溫,不同;第 472 頁盟,不同。吳良寶:《先秦貨幣文字編》,福州:福建人民出版社,2006 年,第 180 頁鹽、第 76 頁盧。覃、鹽的異同,可參見季旭昇《談覃鹽》,《龍宇純先生七秩晉五壽慶論文集》,臺北:臺灣學生書局,2002 年,第 255－262 頁。容庚編著:《金文編》,北京:中華書局,1985 年,第 340 頁盧。羅福頤主編:《古璽彙編》,北京:文物出版社,1981 年,第 319 頁 3418 號盧。

②　楚金幣"鹽金"的釋讀,見拙文《〈中國歷代貨幣大系·先秦貨幣〉釋文校訂》,《第三屆國際中國古文字學研討會論文集》,香港:香港中文大學中文系,1993 年。

③　可參見湯志彪:《三晉文字編》,北京:作家出版社,2013 年,第 1368 頁。董蓮池:《新金文編》,北京:作家出版社,2011 年,第 1342 頁。

 平安少府鼎　　 安邑下官鍾

 中府璽　　　　 少府銀圜器

第三、四字明顯爲"半釿"二字。"半釿",重量單位,是此物之重量相當於半釿。

楚金幣"鹽金"之鹽,我們以爲是地名,即江蘇鹽城。或以爲"鹽金"是用於食鹽買賣的專款。① 若屬實,"鹽府"也可能是主營鹽業的府庫。不過,我們還是傾向於其是地名。如天津歷博所藏"梁府"布權②,本文介紹的"盧府",梁、盧均爲地名。此器當是"鹽"府稱量"半釿"之重的條形權。此"鹽"地當屬三晉的韓或魏,很可能即"鹽氏",在今山西運城市。《史記·秦本紀》:昭襄王十一年(前 296 年),"齊、韓、魏、趙、宋、中山五國共攻秦,至鹽氏而還",《正義》:"按掌鹽之官,因稱氏。"其南有鹽池,掌鹽之官駐此,故名。③ "鹽府"有可能是鹽氏之府。實物發現於河南,當是流傳所達之地。

三、"盧府"橋形布權

2022 年 1 月 9 日,微信群中見到宋捷先生所發資深錢幣專家崔淳先生獲得一枚"盧府"權。崔淳先生以《緣份到了,首見"盧府"權布重現》爲

---

① 吳振武:《關於戰國"某某金璽"的一個解釋》,武漢大學簡帛研究中心主辦:《簡帛》第九輯,上海:上海古籍出版社,2014 年,第 1—10 頁。

② 杜金娥:《談西漢稱錢衡的砝碼》,《文物》1982 年第 8 期,第 74—75 頁。吳鎮烽編撰:《商周金文資料通鑒》(電子版),2013 年,18852、18851 號,簡稱《金文通鑒》。

③ 可參閱史爲樂主編:《中國歷史地名大辭典》(增訂本),北京:中國社會科學出版社,2017 年,第 2163 頁。

題,記述了購得此物後存放已久新發現有文字的經過,並發布了照片、拓片等,認爲是"盧氏府庫"之意,重 13.83 克,權準一鈏。

若情況屬實,他的推斷是可取的。因"府"字不够清晰,旋即與崔淳先生微信溝通,確認"府"字的筆畫。此權當是"盧府"稱量或衡量流通布幣的布權。根據"梁"鈏布實重,二鈏在 28 克左右,若此,"盧府"權應當是稱量一鈏貨幣的布權。①

秦在戰國"盧邑"基礎上置盧縣,治所在今山東長清縣西南。其地與布權不合。此地名盧,可能即"盧氏",戰國韓地,在今河南盧氏縣。②

圖 5 "盧府"權

圖 6 "梁府"布權

---

① "盧"字形,可參見容庚主編:《金文編》第 340 頁;吳良寶編撰:《先秦貨幣文字編》第 76 頁;羅福頤主編:《古璽彙編》3418 號。

② 可參見復旦大學歷史地理研究所《中國歷史地名辭典》編委會編:《中國歷史地名辭典》,第 219 頁;史爲樂主編:《中國歷史地名大辭典》,第 775—776 頁。

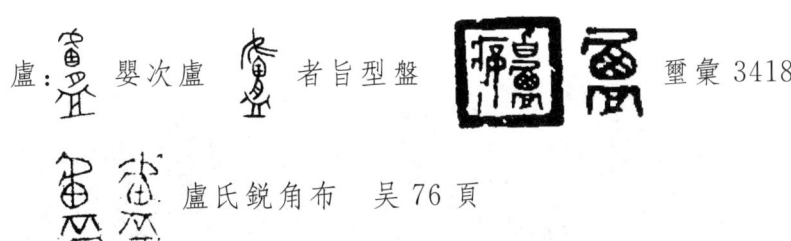

四、莆子"錀塚"布權

2008年，吴鎮烽《金文通鑒》三編41668號著録下列三枚"莆子砝碼"，描述爲："長方平板，上角均呈弧形内凹，前兩枚上部略窄，後一枚略寬。第二枚左下部打洞後灌鉛，以校正重量。每枚正面有鑲紅銅銘文2字，背面3字（有一些紅銅片脱落）。"

正面銘：莆子。

背面銘：1. 六，錀（鈴）圢（市）；2. 三（四），錀（鈴）圢（市）；
3. 二，錀（鈴）圢（市）。

2021年2月18日，田率先生撰文《莆子錢權考》寄《中國錢幣》，編輯部立即發我審閲。我請編輯部注意實物真僞。2月19日田率先生向我報告，說他見過實物，真僞没問題，國家博物館當初欲徵集而未能成功。我回復若真僞没問題就可以刊發。2022年1月11日，編輯部于放女士發來此文及拓片，準備刊發，請我再看看。我發現田率對銘文"坪"字的釋讀有問題（前次没太注意），當是從土從冢省變的"塚"字，讀"重"，並告知編輯部。第二日我又告訴作者田率先生。田率先生說此文轉投期刊《出土文獻》，釋文已有改變。

圖 7 "莆子"布權三種

莆子權銘"鎔"下一字,吳鎮烽先生釋爲"圢(市)",田率原釋爲"坪"(後改釋爲"重",未見到改動原文),應是從"土"、從"冢"省變,爲"塚"字。當然,也不排除從"土"從"主"。均應讀爲"重"①。

鎔,從金從命,或以爲"鈴"之繁文。我們曾提出"鎔"大致"相當於銓字"或"同古秤字"兩種理解,結論大體相同,與"秤(稱或銓)"有關,即砝碼。② 或以爲"錢"字。③

三枚"莆子"砝碼分別重 11、23.3、34.7 克,與方足布"莆子"重量相當。換言之,"莆子·二鎔塚·四鎔塚·六鎔塚"銘文,記述的是方足布"莆子"二枚、四枚、六枚砝碼重。由此可見,當初我們判斷"鎔"爲稱量方足布的砝碼當是可取的。

---

① 有關"塚"的討論,可參見謝明文:《說"冢"》,北京大學出土文獻與古代文明研究所編:《青銅器與金文》第三輯,上海:上海古籍出版社,2019 年,第 123—129 頁。謝明文認爲,冢字所從的所謂"冢",實爲"象";上部所從不明,與"主"字不類,變作"主"是因"主""冢"音近,屬於變形音化。

② 黄錫全:《新見一枚"宅陽"布權》,《中國錢幣》2004 年第 2 期,第 8 頁。

③ 陳劍:《關於"宅陽四鎔"等"布權"的一點意見》,《古文字研究》第二十六輯,第 382—385 頁。

有關問題,讀者可查閲田率擬刊發在《出土文獻》上的論文。此不贅述。①

2022 年 9 月據舊稿修訂

(黄錫全:中國錢幣博物館,100053,北京)

---

① 若讀者對西周最早的衡具感興趣,可參閲李零先生《待兔軒筆記(六則)》第二則"榮監叔趙父禹",談及這是西周最早的衡具。(北京大學出土文獻與古代文明研究所編:《青銅器與金文》第六輯,上海:上海古籍出版社,2021 年,第 12－13 頁)

燕國量制續考*

李春桃

〔摘　要〕　戰國量制研究一直以來受到學界關注,而關於燕國的量制過去爭議較大。本文結合近年新公布的幾件銅器的記容銘文及實測容量,對燕國的容量單位、具體量值、進制關係等方面,在之前的研究基礎上,做了進一步申論。認爲燕國存在大、小量現象,這種現象是由於進制不同引起的。

〔關鍵詞〕　銅器　銘文　量值

吳鎮烽先生編著的《商周青銅器銘文暨圖像集成三編》（後文簡稱"《銘圖三編》"）近日出版,②書中收錄了兩件燕國記容銅器,編號分別爲0180和0615,前者被稱作一縠鼎,後者被稱作二縠盆。《銘圖三編》收錄了兩件器物的器形、銘文,標注了一縠鼎的實測容量,但沒有標注二縠盆的器物容量。據該書介紹,這兩件器物均藏於陝西歷史博物館,都曾在《西部考古》上著錄。核檢此雜志,發現這兩件器物都收在韓建武先生發表的一篇文章中（下面簡稱"韓文"）。③ 韓文全面介紹了器物信息,也注明了二縠盆的實測容量,這十分重要。除介紹這兩件新見的器物之外,

---

*　本文是"古文字與中華文明傳承發展工程"資助項目"基於人工智能技術的青銅禮器斷代研究"（G1903）的階段性成果,並得到吉林大學哲學社會科學研究創新團隊青年項目"漢字文化傳承與人類文明新形態"（2023QNTD02）的資助。

②　吳鎮烽:《商周青銅器銘文暨圖像集成三編》,上海:上海古籍出版社,2020年。

③　韓建武:《幾件戰國秦漢有銘銅器、銀器的考釋》,《西部考古》第十二輯,北京:科學出版社,2017年,第190－192、197－198頁。

韓文還收録了一件王后左枳室鼎。這件鼎曾被著録，①但並未介紹其實際容量，此次韓文也公布了該鼎的容量。這三篇記容銘文及器物的實測容量對研究燕國的量制十分重要。

下面先將三篇銘文録寫於下：

一㪯（觳）。②（一觳鼎《銘圖三編》0180）

二㪯（觳）。（二觳盆《銘圖三編》0615）

王后左枳室，九射；魚昜大器，受九射。（王后左枳室鼎《銘圖》2014）

根據韓文記載，這三件器物的容量分别如下：

一觳鼎　　容沙 1580 毫升

二觳盆　　容沙 4310 毫升

王后左枳室鼎　容沙 1600 毫升

目前來看，燕國量制中存在進制關係的包括"觳""射"兩個單位，③而兩者的進制關係、具體量值一直存在爭議。新公布容量的這三件器物都有記容銘文，對進制相關研究有很大幫助。根據王后左枳室鼎材料可知，一射的量值約是 178 毫升；根據一觳鼎材料可知，一觳的量值爲 1580 毫升；根據二觳盆材料，二觳的容量是 4310 毫升，則一觳的量值爲 2155 毫升。那麼，一觳鼎和二觳盆所反映出來的觳的量值相差 575 毫升，差異很大。該如何解釋這種現象呢？本文認爲應該結合全部的燕國材料來思考這個問題。燕國記容銅器經過實測容量的還有以下材料：

---

① 吴鎮烽：《商周青銅器銘文暨圖像集成》第 2014 號，上海：上海古籍出版社，2012 年。本文簡稱"《銘圖》"。

② 此爲戰國時期燕國銘文，器物後來又加刻秦代文字，因與本文關係不大，後來加刻銘文此處不録。下面要介紹的二觳盆銘文中與記容無關的内容文中也不録寫。

③ 楊爍先生指出燕陶文中的"㱃"也是容量單位（參氏著《試説燕陶文中的容量單位"㱃"》，《出土文獻》第十五輯，上海：中西書局，2019 年，第 210—214 頁）。但"㱃"與"觳""射"的進制關係並不明確，所以此處討論不涉及該容量單位。

休涅壺銘文:"受六觳四䤭";實測 11200 毫升。(《集成》9607①)

陳璋壺銘文:"受一觳五䤭";實測 3000 毫升。(《銘圖》12411)

襄安君鈚銘文:"貳觳";實測 3563 毫升。(《集成》9606.1)

根據以上三種材料,過去學者們計算所得"觳""䤭"的量值存在很大差異,致使有關燕國量制的研究一直存在爭議。筆者曾有一篇小文專門討論燕國量制問題,②認爲舊有觀點之所以無法疏通全部材料,是因爲燕國存在大、小量的現象,這種現象在戰國時期其他國家也存在。文中對"䤭""觳"的量值及兩者的進制關係進行了推定,得出結論如下:

將"䤭"的量值定爲 175 毫升,那麼小量中"觳"的值爲 1750 毫升,這在休涅壺、襄安君鈚中都很通順。按十二進制折算,大量中"觳"的值爲 2100 毫升,這可以合理解釋陳璋壺的容量。

……

以上主要根據幾件已知容量的器物對燕國量制進行了討論,參照器物容量及其他地區的量制,認爲燕國也存在大、小量現象,且推斷燕國的大、小量之間"觳"與"䤭"的進制分別是十二與十,而"䤭"的量值爲 175 毫升,是恒定的,大、小量是因進制不同所引起的。目前有關燕國的容量單位僅發現"觳"與"䤭"兩個,相關資料還比較少,希望將來能夠發現更多的資料,到時可對燕國量制進行更充分的研究。

小文把燕國"䤭"的量值定爲 175 毫升,認爲其是恒定不變的。大量

---

① 中國社會科學院考古研究所編:《殷周金文集成》,北京,中華書局,1984—1994 年。本文簡稱"《集成》"。

② 李春桃:《燕國量制考》,此文完成於 2016 年春,後收錄於《第八届出土文獻青年學者國際論壇論文集》,中興大學,2019 年,最後刊於《中國史研究》2021 年第 3 期,第 43—50 頁。

中"觳""射"之間爲十二進制,"觳"的量值爲2100毫升;小量中"觳""射"之間爲十進制,"觳"的量值爲1750毫升。

現在看到《銘圖三編》及韓文所公布的材料,其中王后左枳室鼎記容銘文是"九射",而實測容量爲1600毫升,可知一射的量值約是178毫升。這個值與小文推定的"射"值爲175毫升極爲接近,兩者是相合的;而根據二觳盆材料,一觳的量值爲2155毫升,這和小文把大量"觳"值定爲2100毫升也是相合的;而據一觳鼎,一觳的量值爲1580毫升,這和小文把小量"觳"值定爲1750毫升也十分接近。至於相差170毫升,是可以解釋通的,因爲這些器物都是實用器物,而非標準量器,再考慮到器物磨損及測量誤差因素,這無疑是可以接受的。戰國其他國家的量制系統也普遍存在這類誤差,燕國其他器物也存在類似現象。①

由上文討論可知,近期公布的一觳鼎與二觳盆所體現的一觳的量值之所以差距很大,是由於燕國存在大、小量。同時,韓文新公布的三件記容青銅器及它們的銘文、量值,與之前筆者小文所推測的燕國量制情況是相合的。

【附記】

小文於2020年12月讀到《銘圖三編》之後草就,當時文中所提到的《燕國量制考》一文已經被《中國史研究》錄用,並完成校樣,無法再做較大增補,故以《近日所見燕國記容銘文讀後》刊登在《簡帛網》(2020年12月27日)網路平臺上。

(李春桃:吉林大學考古學院古籍研究所、"古文字與中華
文明傳承發展工程"協同攻關創新平臺,130012,長春)

---

① 燕國中此類誤差現象可參上引小文。

關於兩件"陳曼簠"銘文之間的
文本差異及其產生原因

崎川隆

〔摘　要〕　本文以戰國時期銅器銘文的鑄造、複製技術爲切入點，對兩件"陳曼簠"銘文之間的文本、行款、字體異同進行了詳細比較，並對其差異產生原因做了初步探討。

〔關鍵詞〕　陳曼簠　機械複製文本　銘文鑄造法

一、問題所在

兩件"陳曼簠"分別藏在臺北故宫博物院和上海博物館（圖1）。爲討論方便，以下將兩器及其銘文分別稱作 A 簠（臺北器，《集成》04595）、B 簠（上海器，《集成》04596）。兩器器形、尺寸大致相同，[①]器身呈長方形，口沿向外方折，斜腹平底，從底部伸出外撇四足，腹兩端各附獸首環耳。内底分別鑄有 4 行 22 字銘文：

---

① A 器：高 10.6 厘米，寬 19.3 厘米，長 31.1 厘米，重量 3.14 公斤；B 器：高 11 厘米，寬 19.4 厘米，長 31.0 厘米，重量 3.15 公斤。

A器(臺北器):齊陳曼不敢盤康,肇謹經德,作皇考獻叔饎逯,永保用簠。

B器(上博器):齊陳曼不敢逯康,肇謹經德,作皇考獻叔饎盤,永保用簠。

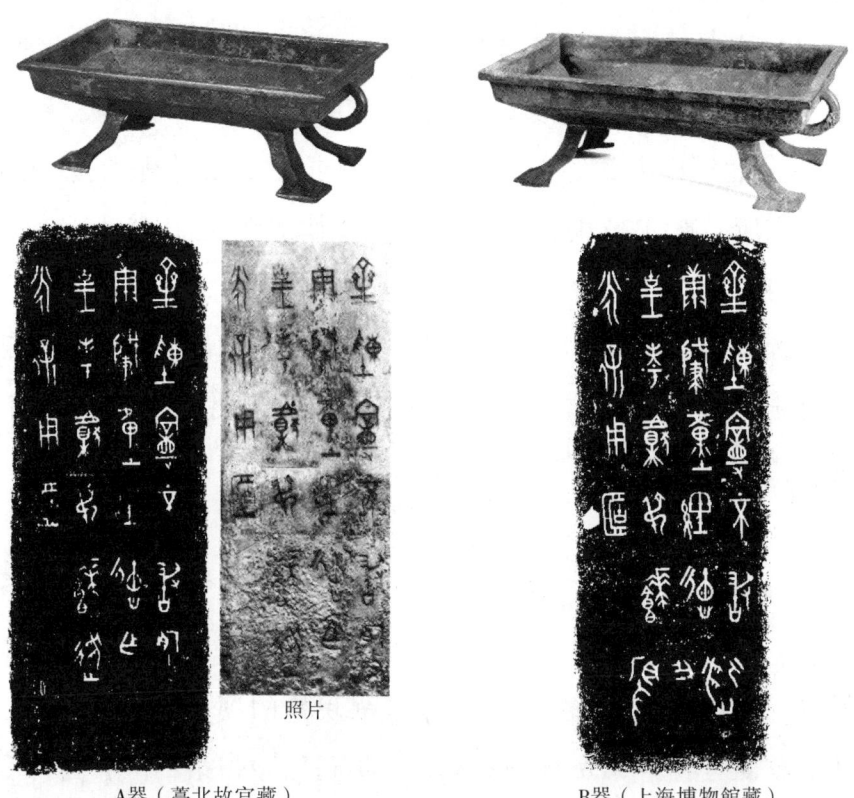

照片

A器（臺北故宮藏）　　　　　B器（上海博物館藏）

圖1①

---

① A器器影采自"國立"故宮博物院:《商周青銅粢盛器特展圖錄》(臺北:臺北故宮博物院,1985年,第375頁,圖版玖玖);B器器影采自陳佩芬:《夏商周青銅器研究》東周篇下(上海:上海古籍出版社,2004年,第310頁,編號563)。銘文拓本均采自《殷周金文集成(修訂增補本)》(北京:中華書局,2007年)。A銘照片采自范季融等編:《西清古鑒今訪》"國立"故宮博物院卷(編號076,Katherine and George Fan Foundation,2020年,第339頁)。

A、B銘文内容基本相同,但其中的"盤""逐"①兩字位置互易。從辭例以及文字搭配關係看,準確的文本應是 B 器銘文。至於 A 器銘文中的"盤康""饋逐",學術界一般認爲是一種"筆誤"或"製範錯誤"(詳見下文)。但另一方面,若從行款布局以及文字書寫規範性角度看,具備正常條件的却是 A 銘。而 B 銘雖然辭例相對正常,但其銘文前三行最後一列的"逐""作""盤"三字皆爲"反書",而且其字體大小不一,行款、字排不整齊,書寫風格也明顯與其餘文字不一致。就是説,A 銘字體、行款很正常,但其詞例有所錯亂;B 銘則詞例正常,但其中個别文字的字體、行款明顯異常。那麽,我們應該如何解釋這一看似自相矛盾的現象?

在下面,我們首先回顧、總結一下各家對這一問題的認識和解釋,並在此基礎上,結合東周時期鑄銘工藝中所見的"機械複製技術",對這一問題進行重新思考。

二、以往學者對"文本差異"産生原因及其機理的解釋

最早討論兩件"陳曼簠"銘文文本差異現象的應是方濬益。他在《綴遺齋彝器款識考釋》(1894 年成書,1935 年刊)卷八,第 28 葉"齊陳曼簠"(指上博藏"B器")考釋中云:

> 右齊陳曼簠銘二十二字,嘉興汪氏裘杼樓舊藏品……此銘前三行末一字皆傳(轉)形,又上五字不相接,疑器成後增入者,書非一手,故結體亦異。《西清古鑒》所録簠文與此同,而第一行"遂"字作"般",第三行"般"字作"遂",訛誤顯然,當亦補書者

---

① 關於"逐"字,以往學者多將其釋作"遂""逸"等。但正如吴振武先生所指出,此字所從的應是"犬"旁,而在戰國文字資料中"豕""犬"二旁互替的情況是比較常見的。因此,本文認爲該字應讀爲"逐"。參看吴振武:《陳曼瑚"逐"字新證》,《吉林大學古籍整理研究所建所十五週年紀念文集》,長春:吉林大學出版社,1998 年,第 46—47 頁。

之互舛也。

就銘文字句方面的問題而言,我們基本贊同方氏的看法。至於 B 銘"反書"以及 A 銘(即"《西清古鑒》所錄簋"銘)字句"訛誤"的原因,我們很難信從他的說法。方氏將這些"訛誤"都視爲器成後的"增入"或"補書"(按理說,他所認爲的具體方法應是"補刻"或"補鑄")。但我們通過對銘文拓本、照片的仔細觀察可知,無論是 A 銘還是 B 銘,那"前三行末一字"不是被"補刻"或"補鑄"的,而明明是與上列文字一起鑄成的。而且,A 銘行款非常整齊,字距、行距、字體大小也很正常,產生字句方面錯誤的原因不應該是"補書者之互舛"。因此,我們認爲,這極有可能是在鑄前銘文陶範製作過程中的"誤寫"。產生 B 銘"遂""作""盤"三字"反書"現象的原因也應該不是"器成後"的補書,而有可能是冶工在銘文鑄範製作過程中的(更切確地說"銘文字句修訂過程中"的)疏忽。

郭沫若也較早注意到這一問題,他在《兩周金文辭大系圖錄考釋》(北京:科學出版社,1957 年)錄編第 209 頁"齊陳曼簠"("第一器"爲 A 器,"第二器"爲 B 器)批注云:

> 二銘除下列三字外,實出一範。下列三字,第二器均反書,而盤逸二字易位,蓋範損,下列另鑄一模,押時誤反也。

他敏銳地指出 A、B 兩銘出於一範(或爲"模"),進而對"下列三字"差異產生原因和機理進行了推測。他認爲:在銘文鑄範的製作過程中(有可能是在鑄完 A 銘後),冶工不小心損壞了銘文模具的"下列三字",於是當鑄造 B 器銘文時,臨時製作了"下列三字"字模,將其壓印於鑄範上的適當位置,但此時匆忙之間沒注意到字模上的"下列三字"排列有誤,結果產生了字句錯亂。也就是說,他在這一條批注中所提出的看法是:準確的銘文應是 A 銘。但讓人困惑的是,他在《考釋》中采用的却是 B 器銘文①,其説法看似是前後不一致的。

容庚的看法則與我們有所不同,他在《商周彝器通考》(北平:哈佛燕京學社,1941 年)第 359 頁云:

> ……别一器(即 B 器)下列三字範反,故此三字作反文,而般逸二字位置相易。

後來在《殷周青銅器通論》(北京:科學出版社,1958 年)第 38 頁又云:

> ……别一器下列三字範反,故此三字作反文,而"般,逸"二字位置互易,疑即此器之蓋。

認爲:準確的文本應是 A 銘,而 B 銘"下列三字"中所見的"反文"以及"位置互易"現象則爲製範過程中出現的某種錯誤。

馬承源主編的《商周青銅器銘文選(四)》(北京:文物出版社,1990 年)861 號衹收録了 B 器銘文,銘文説明云:

> ……此銘下列三字作反文,書非一手,結體亦異。另有一器三字正書,然逸般二字錯位。

認爲:準確的文本應是 B 銘,A 銘"下列三字"中的"逸""盤"二字則爲"錯位"。② 關於"錯誤"産生原因及其機理,此書没有提出具體看法。

《書道全集》第一卷(東京:平凡社,1954 年)所收的"齊陳曼簠"也是 B 器銘文(編號爲 112,第 206 頁)。在此銘解説中,内藤戊申首先介紹了郭沫若、容庚等以往學者對陳曼簠 A、B 兩器銘文的基本看法,在此基礎上,主要依據文本辭例判斷:相對正常的應是 B 銘。但與此同時,他又説 B 銘所見的那些反書、錯位現象應是字模"誤植"所致,其説似有自相矛

---

① 《大系》早期各個版本所采用的都是 B 銘。參看《兩周金文辭大系》,東京:文求堂,1932 年,第 257—258 頁;《兩周金文辭大系考釋》,東京:文求堂,1936 年,第 216 頁。

② 馬承源主編:《商周青銅器銘文選(四)》,北京:文物出版社,1990 年,第 557 頁。

盾之嫌①。此外,白川静的《金文通釋》也祇采用了 B 器銘文,但對文本差異以及產生"反書"現象的原因和機理没有進行深入討論②。

三、結論

通過以上的討論,並通過對 A、B 兩銘的仔細比較,我們可以總結出以下三點認識:

第一,除了"下列三字"以外,陳曼簠 A、B 兩銘彼此是可以完全重合的(表 1)。兩銘不僅每一單字可以重合,而且行款、排字方面的特徵也完全一致。由此可知,除了"下列三字"以外,兩銘很有可能是使用同一件"全銘"模具而機械複製的③;第二,通過對銘文拓本的仔細觀察可知,無論是 A 銘還是 B 銘,在"下列三字"處看不出任何"補刻""補鑄"等"鑄後修補"的痕迹;第三,從辭例看,正常的銘文應是 B 銘。

---

① 〔日〕下中邦彦編:《書道全集》第一卷,東京:平凡社,1954 年,第 206 頁。
② 〔日〕白川静:《金文通釋》,《白鶴美術館志》第三十八輯,神户:白鶴美術館,1972 年,第 412－414 頁。
③ 除了此器以外,在東周時期青銅器銘文材料中,還有不少同樣以同一件字模運用於不同銘文上的"機械複製"銘文,其具體方法可細分爲"單字模"(如:蓮子受編鐘編鎛、蓮子孟升嬭鼎、蓮子孟青嬭簠、秦公簠等)、"全銘模"(如:楚子棄疾簠、宋公戀簠、宋君夫人鼎、宗婦諸器等)、"複合模"(如:曾姬壺;竞之定鬲;鄭令戈石模等)等。關於春秋戰國時期銘文機械複製技術的具體情況,可參看崎川隆:《春秋時期青銅器銘文鑄造工藝中機械複製技術的出現與發展》,《出土文獻與物質文化》,香港:香港中華書局,2017 年,第 301－322 頁;《商周青銅器銘文鑄造中的機械複製技術——從淅川和尚嶺二號墓出土編鐘編鎛銘文談起》,《中國國家博物館館刊》2023 年第 1 期,第 57－59 頁;等等。

表1　B銘字形重合分析①

A銘	B銘	AB重合（除"下列三字"外）

根據以上三點認識，我們推測，A、B兩銘之間的文本差異以及"反書"形成的原因和機理、步驟有可能是：

（1）當鑄造A、B銘文時，冶工首先準備了一件泥質的銘文模具，在模具上用陰文刻寫"正書"的銘文全部文字（即"全銘模"），然後將其壓印於A、B兩器的兩件泥質鑄範上。此時在兩件泥質鑄範上形成的是被機械複製而彼此可以完全重合的"反書""陽文"的銘文。

（2）冶工首先鑄造的是A器。但鑄A器後發現，在A器銘中存在一些文本錯誤（即第一行末字和第三行末字位置相錯）。

（3）接着鑄造B器銘文時，冶工感到有必要修訂文本錯誤，匆忙刮去了B銘泥質鑄範上已印好的"下列三字"（應是陽文、反書的），然後應急以泥條匆匆重新塑造了陽文的"盤""作""逐"三字，將其粘貼於適當位置。但此時冶工並沒有考慮到鑄後效果，疏忽將文字寫成"正書"。結

---

① 自製摹本。

果,鑄後它就變成"反書"了。由於這三字爲臨時、應急之作,免不了其行款、字體有所雜亂。

綜上所述,A、B兩件"陳曼簠"銘文文本差異產生的原因應該不是"鑄後補書",也不是郭沫若所想象的那樣"範損"及在其修補過程中造成的字模誤印,而有可能是在銘文泥範上故意進行的文本"刪訂"。至於"反書"產生的原因,我們似可將其歸爲冶工疏忽。

2022年10月1日初稿

2022年11月25日二稿

【引書簡稱】

《集成》——中國社會科學院考古研究所編:《殷周金文集成》,北京:中華書局,1984—1994年。

(崎川隆:吉林大學考古學院古籍研究所、"古文字與中華文明傳承發展工程"協同攻關創新平臺,130012,長春)

中山王器銘文研究(四題)*

周 波

〔摘 要〕 中山三器銘文在文字釋讀、訓釋等方面仍遺留有部分疑問,值得進一步探討。本文認爲中山王䜌方壺的"▢惡(愛)深"之▢當讀爲"質",訓爲誠信、信任。"質"爲君主之美德,故銘文與"愛"並稱。中山胤嗣妤盗圓壺的"百每"當讀爲"膚敏"。"膚敏"見於《詩經·大雅·文王》。"竹(篤)亡(無)疆"之▢當釋爲"尤"字,讀爲"忱",信也。"篤忱無疆",指篤信、仁厚之品德廣博無邊。圓壺銘文"訢詻戰(憚)忿(怒)"當讀爲"暨(或斷)詻僤怒",是形容中山相邦司馬賈其時直言辯爭、激憤盛怒之情狀。圓壺"▢俛(逸)先王"之▢當从"夵"或"早"聲,讀爲"造",是成就,功業之義。銘文"德行盛廣(或皇),造軼先王",指王䜌德行盛大,功業超過之前先王。

〔關鍵詞〕 戰國文字 中山三器 古文字

於 20 世紀 70 年代出土的中山王䜌大鼎、中山王䜌方壺及中山胤嗣妤盗圓壺三器是戰國時代少見的銘功記德類長篇銘文。三器文字頗具特點,内容豐富,性質重要,可補戰國史料之不足,因此數十年來學界討論頗爲熱烈。相關研究或涉及王世年代等歷史問題,或涉及文字釋讀、

---

* 本文爲"古文字與中華文明傳承發展工程"資助項目"戰國題銘分系分國編年整理與研究"(G3216)及"東周金文所見職官整理與研究"(G3908)、國家社科基金"冷門絶學"和國别史等研究專項"戰國至秦漢時代雜項類銘文的整理與研究"(2018VJX006)、國家社科基金"冷門絶學"研究專項學術團隊項目"中國出土典籍的分類整理與綜合研究"(20VJX006)的階段性成果。

文獻比較等文本問題,成果豐碩,解決了不少疑難問題,也推進了相關領域的研究。

不過,中山王三器個別文字爲迄今首見,考釋不易;部分文辭頗爲簡短,理解亦有分歧。筆者在閱讀銘文及相關研究時,發現三器銘文在文字釋讀、訓釋、與傳世典籍對讀等方面仍遺留有部分疑問,值得進一步探討,因此寫出來供大家批評指正。

一

中山王䁥方壺銘文云:

夫古之聖王秾(務)在昃(得)孯(賢),其即(次)昃(得)民。旂(故)諱(辭)豊(禮)攵(敬),剚(則)孯(賢)人至;A惡(愛)深,剚(則)孯(賢)人新(親);复(籍)斂(斂)中,剚(則)庶民筐(附)。於(烏)虖(呼),爻(允)𠦝(哉)若言!

其中 A 字照片、拓本、摹本分別作如下之形:①

此字諸家多據字形偏旁隸定作"厴"。此字除掉"厂"旁的部分,諸家多引《説文》古文"陟"字古文作 ᛤ、三體石經古文作 ᛥ,《汗簡》"步"字古文作 ᛢ,以爲即"步"字。李學勤、李零疑此字从"广"省聲,讀爲"寵",又

---

① 照片、摹本參郝建文:《戰國中山三器銘文圖像》,北京:文物出版社,2021年。下同。

疑此字從"步"聲,讀爲布施之"布"。① 于豪亮以爲字從"步"聲,讀爲撫愛之"撫"或拊愛之"拊"。② 何琳儀認爲字從"步"聲,當讀爲"德","德愛"猶"德惠"。③

除此之外,還有認爲 A 字從"袁"聲,從"虒"聲等不同説法。如張政烺引"遠"字《説文》古文作 ![字形], 三體石經《尚書·君奭》古文作 ![字形], 認爲 A 或是"原"字異體,讀爲"願",欲思也。④

趙誠最早將 A 字與"虒"字溝通,他認爲 A 即"虒"並讀其爲"至"。其云:

> 虒,《説文》從冖,與此從厂同意。朱駿聲《説文通訓定聲》云:"字亦作䟡、作䟗,《詩·狼跋》'載虒其尾',字又作䭹。"本銘用作至。⑤

按戰國文字"步"常見,從未有見有中間綴加"日"形或"田"形者。且上引古文"陟"所從"步"旁及古文"步"與古文"遠"字所從全同,當出於訛誤或誤植。郭店《六德》簡 48 "遠"字作 ![字形],其所從"袁"旁寫法與傳抄古文相合,可證傳抄古文這類從"日"的寫法實是"袁"之訛變,當與"步"無關。故以上認爲字從"步"聲的相關觀點,恐皆不可信。

近年來,戰國文字中的"虒"已漸爲大家所熟知。如包山簡簡 167 字

---

① 李學勤、李零:《平山三器與中山國史的若干問題》,《考古學報》1979 年第 2 期,第 153 頁;李學勤:《新出青銅器研究》(增訂版),北京:人民美術出版社,2016 年,第 153 頁。
② 于豪亮:《中山三器銘文考釋》,《于豪亮學術文存》,北京:中華書局,1985 年,第 49—50 頁。
③ 何琳儀:《中山王器考釋拾遺》,《史學集刊》1984 年第 3 期,第 8 頁。
④ 張政烺:《中山王𪭢壺及鼎銘考釋》,《張政烺文集·甲骨金文與商周史研究》,北京:中華書局,2012 年,第 323 頁。
⑤ 趙誠:《〈中山壺〉〈中山鼎〉銘文試釋》,吉林大學古文字研究室編:《古文字研究》第一輯,北京:中華書局,1979 年,第 253 頁。

作![字形]、上博五《鬼神之明》簡5作![字形]，上博六《慎子曰恭儉》簡1作![字形]，皆與A字形相合。"臺"字中間所從"田"形或作"日"形，如上博六《莊王既成 申公臣靈王》簡9字作![字形]，即其例。這類寫法當是西周中晚期金文![字形]，春秋金文、陶文![字形]、![字形]這類形體的進一步減省、訛變類化。①

劉釗較早指出A字當與上引包山簡之![字形]爲一字，不過他仍從舊說將A字"厂"下所從也釋爲古文"陟"。②《戰國文字字形表》將A字隸定作"厬"，也認爲當讀爲"陟"。③ 現在來看，A當從"臺"聲，應無疑問；A與古文"陟""步"並無關聯。

林宏明曾指出"辭禮敬""A愛深""复斂中"三句並稱，"辭"和"禮"，"复"和"斂"，A和"愛"都應是相並列的詞語。由此有學者進一步認爲將銘文讀爲"布愛深"是有問題的。他說："因爲'辭禮敬'是'辭敬'和'禮敬'；'复斂中'是'复中'和'斂中'，而'布愛深'不能說是'布深'和'愛深'。"④王穎也指出，此處三句當是駢句，上句之"辭禮"爲名詞性詞組，則此處的"A愛"亦當如是，所以講爲"布愛""撫愛"或"至愛"等均不妥當。⑤他們的說法均可信從。

《國語·越語下》有"卑辭尊禮"，"辭""禮"相對而言。"复"，古文字多用爲"作"，銘文中讀爲"籍"。《詩·大雅·韓奕》："實墉實壑，實畝實籍。"鄭箋："籍，稅也。""斂"亦稅也。《周禮·地官·司稼》："以年之上下

---

① 參季旭昇：《說文新證》，福州：福建人民出版社，2010年，第327頁。
② 劉釗：《出土簡帛文字叢考》，臺北：臺灣古籍有限公司，2004年，第7頁。
③ 徐在國、程燕、張振謙編：《戰國文字字形表》，上海：上海古籍出版社，2017年，第1326頁。
④ 林宏明：《戰國中山國文字研究》，臺北：臺灣古籍有限公司，2003年，第266頁。
⑤ 王穎：《戰國中山國文字研究》，華東師範大學博士學位論文，2005年，第55頁。

出斂灋。"賈公彥疏:"以此豐凶而出税斂之法。"古書"籍""斂"多並稱,指賦税、徵收田税。《管子·山至數》:"古者輕賦税而肥籍斂,取下無順於此者矣。"《墨子·節用上》:"今天下爲政者,其所以寡人之道多,其使民勞,其籍斂厚。"孫詒讓《閒詁》引王引之曰:"籍斂,税斂也。""籍斂",又作"作斂"。《墨子·辭過》:"民所苦者非此也,苦於厚作斂於百姓。"銘文"辭""禮"當爲同義連用,均指賦税、租税。如此看來,A與"愛"顯然也應看成是並列名詞。

我們認爲從銘文辭義及出土文獻中A字讀法來看,A當讀爲"質"。

上博簡《莊王既成 申公臣靈王》簡9有"鈘(鈇)疐(鑕)","疐"即讀爲"質"聲之"鑕"。清華簡《管仲》簡6—7:"鋻(賢)礩(質)不枉,執節緣繩,可設於承;鋻(賢)礩(質)以抗,吉凶陰陽,遠邇上下,可立於輔。"整理者注:"鋻,疑讀爲'賢'。礩,從疐,端母質部字,讀爲章母質部的'質',《小爾雅·廣言》:'信也。'"此皆可證A讀爲"質"當無問題。

"質"有樸質、誠樸等義。如《國語·齊語》:"有居處好學,慈孝於父母,聰惠質仁,發聞於鄉里者。"《史記·萬石張叔列傳》:"萬石君家以孝謹聞乎郡國,雖齊魯諸儒質行,皆自以爲不及也。"以上"質"多以爲即樸質、誠樸之義。"質"也用爲誠信義。《左傳·襄公九年》:"要盟無質,神弗臨也。"孔穎達疏引服虔云:"質,誠也。"《左傳·昭公十六年》:"楚子聞蠻氏之亂也與蠻子之無質也,使然丹誘戎蠻子嘉殺之,遂取蠻氏。"杜預注:"質,信也。"

從清華簡《管仲》簡6"質"與"賢"、銘文"質"與"愛"相對而言並結合上下文來看,此處之"質"似亦用爲誠信、信任之義。"愛"即仁愛、仁惠、愛人,與誠信、信任同爲君子、人主之美德。《禮記·坊記》:"故君子信讓以涖百姓,則民之報禮重。"《左傳·昭公二十六年》:"兄愛而友,弟敬而順。"《後漢書·陳敬王羨傳》:"肅宗性篤愛,不忍與諸王乖離,遂皆留京師。"《韓非子·難言》:"殊釋文學,以質信言,則見以爲鄙。"《大戴禮記·

文王官人》:"質誠,居善者可得;忠惠,守義者可見也。"兩處"質信""質誠"皆並稱之,兩字辭義亦相關聯。又《逸周書·謚法》:"名實不爽曰質。"《後漢書·質帝紀》"孝質皇帝諱纘",李賢注引《謚法》:"忠正無邪曰質。"從兩處《謚法》來看,"質"顯爲君主之美德,故銘文與"愛"並稱。

林宏明曾引《韓非子·外儲説右下》"今王信愛子之,將傳國子之",認爲"A愛"當與"信愛"類似。① 又《荀子·仲尼》:"持寵處位終身不厭之術:主尊貴之,則恭敬而僔;主信愛之,則謹慎而嗛。"銘文"質愛"可與上引古書中的"信愛"相參看。不過這兩例"信愛"是信任喜愛之義,銘文"質愛"應與之稍有區別。《群書治要》卷四四引桓譚《新論》:"智略有深淺,聽明有暗照,質行有薄厚。"其謂"質行有薄厚",正可與銘文"質愛深"辭例相比較。從銘文上下文來看,"質愛深"應指人主信任臣下程度高,待人處事情意真摯。

二

中山胤嗣姧蚉圓壺銘文云:

胤昇(嗣)姧蚉,敢(敢)明昜(揚)告:昔者先王,諻(慈)炁(愛)百每,竹(篤)B亡(無)疆,日昃(夜)不忘,大盍(去)型(刑)罰,吕(以)惥(憂)氒(厥)民之隹(惟)不辜(辜)。

銘文"百"字寫法多見於三晉文字,均用爲"百",或以爲即一般寫法"百"之倒書。其後一字亦多見於三晉文字,是"每"字變體。② 目前觀點在釋字上雖趨於統一,認爲當以釋"每"爲是,但在"百每"的具體讀法上仍分歧很大。

---

① 林宏明:《戰國中山國文字研究》,第266頁。
② 參周波:《中山器銘文補釋》,復旦大學出土文獻與古文字研究中心編:《出土文獻與古文字研究》第三輯,上海:復旦大學出版社,2010年,第199—207頁。

如原整理者讀"百每"爲"百敏",謂"百敏"意爲對各種事情都很聰敏。張政烺讀爲"百謀",謂即百慮。① 李學勤、李零讀爲"百牧",認爲即群臣。② 何琳儀讀爲"慔敏","慔""敏"皆訓爲勉,即勉力、盡力。③ 湯餘惠、林宏明等讀"每"爲"民"。④ 白於藍則讀爲"博敏","博",廣也;"敏",疾也。⑤

按此句下就有"民"字,且"百民"之説先秦古書不見,故其讀"每"爲"民"之説恐有問題。從銘文上下文來看,"百每"應與"慈愛"一樣均爲稱贊王䇞品德的形容詞。因此,"百敏""百謀""百牧""慔敏"諸説也不可信。"博"指見聞廣博,"博敏"也多用來形容文辭,如《漢書・哀帝紀》"文辭博敏,幼有令聞",兩詞皆屬於個人修養層面的德行,此與銘文中形容人主美德之"慈愛"似仍未協。

我們認爲銘文"百每"當讀爲"膚敏"。"膚""敏"既可單用,又可連用,這與"慈""愛"用法相同,諸種辭例及用法皆常見於出土及傳世典籍,諸辭皆用來形容君子、人主之美德。

"每"及从"每"之字讀爲"敏",金文常見。如師嫠簋"女(汝)敏(敏)可事(使)",不嬰簋"女(汝)肇誨(敏)于戎工",卅二年逑鼎"女(汝)敏(敏)于戎工",叔夷鐘"女(汝)肇勤(敏)于戎攻(功)",徐鼒尹晉鼎"函(温)良聖每(敏)"。《左傳・襄公十四年》"有君不弔,有臣不敏",杜預

---

① 張政烺:《中山國胤嗣妾𦣻壺釋文》,《張政烺文集・甲骨金文與商周史研究》,第 346 頁。
② 李學勤、李零:《平山三器與中山國史的若干問題》,《考古學報》1979 年第 2 期,第 161 頁;李學勤:《新出青銅器研究》(增訂版),第 161 頁。
③ 何琳儀:《中山王器考釋拾遺》,《史學集刊》1984 年第 3 期,第 9—10 頁。
④ 湯餘惠:《戰國銘文選》,長春:吉林大學出版社,1993 年,第 39 頁。林宏明:《戰國中山國文字研究》,第 322 頁。
⑤ 白於藍:《讀中山三器銘文瑣記》,《拾遺錄——出土文獻研究》,北京:科學出版社,2017 年,第 63—64 頁。

注:"敏,達也。"《詩·大雅·江漢》"肇敏戎公",毛傳:"肇,謀;敏,疾;戎,大;公,事也。""敏"即敏疾、聰慧。

"百"疑當讀爲"膚"。百,幫紐鐸部字,膚,幫紐魚部字,音近可通。中山王䤾鼎贊王䤾云"睿弇夫悟","夫悟"當讀爲"膚悟"。①"悟"亦指聰慧,"膚悟"義與"膚敏"相合。《詩·豳風·狼跋》:"公孫碩膚,赤舄幾幾。"毛傳:"膚,美也。"

"膚敏",見《詩·大雅·文王》:"殷士膚敏,祼將于京。"傳云:"膚,美;敏,疾也。"孔穎達疏引王肅曰:"殷士有美德,言其見時之疾,知早來服周也。"其解釋未必全切合詩意,但其指出"膚"乃形容德之美當無問題。又見《漢書·敘傳下》:"不疑膚敏,應變當理,辭霍不婚,逡遁致仕。"《詩·小雅·六月》:"薄伐玁狁,以奏膚公。"毛傳:"膚,大;公,功也。""膚公",正可與上引"肇敏戎公"相參看。"膚悟""膚敏"是誇耀王䤾等先王德大而美,品性聰慧。

銘文"𢦏(慈)㤅(愛)百每"後一句,"竹 B 亡(無)疆"亦有各種不同觀點。"竹"諸家多讀爲"篤",可信。"篤",信、厚。B 字照片、拓本、摹本分別作如下之形:

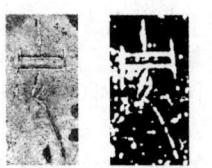

此字或釋爲"周""免""冑""伫",②皆與古文字字形不合,恐不可信。諸家說中李學勤、李零釋爲"周"雖有問題,但將之訓爲"信",認爲與"篤"辭義接近,我們認爲是頗爲敏銳的意見。

---

① 李學勤、李零:《平山三器與中山國史的若干問題》,《考古學報》1979 年第 2 期,第 155 頁;李學勤:《新出青銅器研究》(增訂版),第 156 頁。
② 參白於藍、麥茵茵:《釋中山器胤嗣圓壺銘文中的"伫"字》,《三峽論壇》2020 年第 5 期,第 86—89 頁。

《程訓義古璽印集存》1-146 收有一方晉私璽，文作"C 鄯"。C 字照片作▆（已翻轉），印文作▆，摹本作▆。整理者將之釋爲"周"，謂與《說文》古文"周"相合，其說恐誤。B、C 字形寫法接近，特別是下部寫法如出一轍，又同屬三晉系文字，兩形應即一字之變。

中山右使車嗇夫鼎有▆，用作工官之名。原整理者釋爲"筒"，諸家多從之。現在看來，此字"竹"旁下部所從與 B、C 應當也視爲一字。

上述形體，我們認爲均當是"尢"字之變體。

"尢"及從"尢"之字，西周以來金文作▆（"沈"，沈子它簋）、▆（"甾"，王人甾輔甗）、▆（"酖"，徐酖尹鉦鍼），楚簡作▆（"酖"，包山簡138）、▆（"枕"，信陽簡 2-23）、▆（"沈"，郭店《窮達以時》簡 9）、▆（"沈"，上博五《鬼神之明》簡 7）、▆（"沈"，清華一《皇門》簡 1）等形。"尢"字字形本作橫置"工"形中有立人，春秋以來文字或增"臼"爲聲。戰國文字"尢"旁多作▆、▆，橫置"工"形多繁化且上加飾筆，字形上部與"用""甫"等字相類同。三體石經《尚書·君奭》"忱"字古文作▆，此與▆字頗有形近之處，其字形中部"个"形當是立人形右加飾筆之訛變。清華簡《五紀》有字作▆、▆等形，其中後一例人形撇筆與中間豎筆相交錯。此字舊有多種釋讀意見。《五紀》兩形寫法與上引"尢"字或"尢"旁寫法相合，其中人形撇筆與中間豎筆交錯的字形也有郭店簡、上博簡以及下文提及的鑄客鼎等例作爲印證，釋爲"尢"應無問題。

上引 B、C 等橫置"工"形上端人形或豎筆與下端人形筆畫斷開，這類寫法在戰國文字中也不乏其例。清華簡《金縢》簡 11、12"沈"字分別作▆、▆，《周公之琴舞》簡 9、10"沈"字分別作▆、▆，《芮良夫毖》簡 24

"沈"字作![字形], 楚器鑄客鼎"醓"字作![字形], 鑄客盉"醓"字作![字形], 橫置"工"形上下之人形皆截斷, 與 B、C 等字寫法相合。此外, 金文、楚簡文字"歸"所從"帚"形中的豎筆也有上下斷裂的情況, 這與"冘"字字形變化屬於平行現象, 亦可資參考。

右使車嗇夫鼎![字形]字當釋爲"笎", 其所從"冘"旁除橫置"工"形上下之人形斷開外, 上端人形變作"个"形, 較爲特別。上引"冘"字或"冘"旁上端右部多加飾筆, 上舉字形多作橫筆, 也有如信陽簡"枕"字作![字形], 所從"冘"旁上端作小斜筆者。"笎"字所從"个"形右部小斜筆與信陽簡此例僅方向有所不同, 當然這樣書寫也可能是受到了上面"竹"旁的影響而類化, 這種形體變化並不難理解。

B、C 所從"人"旁上部皆作豎筆, 這類變化除上文舉到的三體石經古文"忱"、徐醓尹鉦鋮"醓"外, 楚器鑄客鼎、鑄客爐"醓"字分別作![字形]、![字形], 也屬同類情況。從上舉諸例來看, 這種變化也是較爲平常的。這類形體, 上端再加短橫筆爲飾, 在戰國文字橫筆飾筆常易爲圓點的普遍規律下, 就會變成如 B 一樣的形體。

從上面所引字形及分析來看, 將 B、C 等字釋爲"冘"字應無問題。晉璽 C 字即用爲姓氏, 可讀爲沈氏之"沈"。銘文 B 可讀爲"忱", 訓"信"。《書·康誥》"天畏棐忱", 孔傳:"天德可畏, 以其輔誠。"《文選·張衡〈思玄賦〉》:"彼天監之孔明兮, 用棐忱而祐仁。"舊注:"棐, 輔也。忱, 誠也。""忱"字或作"諶"。《詩·大雅·蕩》:"天生烝民, 其命匪諶。靡不有初, 鮮克有終。"毛傳:"諶, 誠也。"《文選·班固〈幽通賦〉》:"觀天網之紘覆兮, 實棐諶而相訓。"李善注引項岱曰:"天網大覆人上, 非不信也。誠欲有誠實於世間, 亦當相輔助教也。"銘文"篤忱"同義連用, 指篤信、仁厚。

"篤忱無疆",指篤信、仁厚之品德廣博無邊。

三

中山胤嗣𡥈𫵰圓壺銘文云:

> 隹(唯)司馬賈訢䚩戰(𢢞)忞(怒),不能盜(寧)處,達(率)師征郾(燕),大啓邦㝢(宇),枋(方)嚳(數)百里,隹(唯)邦之榦。

銘文"訢䚩戰忞",後兩字諸家多已指出即"𢢞怒",可信。"𢢞",經傳多作"僤"。《詩·大雅·桑柔》"逢天僤怒",毛傳:"僤,厚也。"《戰國策·秦策四》"王之威亦僤矣",王念孫《讀書雜志·戰國策一》:"盛威謂之僤,故盛怒亦謂之僤。《大雅·桑柔》篇曰'逢天僤怒'是也。僤與𢢞同。"前兩字"訢䚩"之釋讀,諸家説法則多有不同,迄今未能取得共識。

其中張政烺讀"訢䚩"爲"暨䚩"。其謂:"《説文》:'訢,喜也,從言,斤聲。'又:'䚩,論訟也,從言。'皆與此處文義不合。按古從斤得聲之字如祈、旂、沂等皆入微韻,故訢可讀爲暨。《禮記·玉藻》'戎容暨暨',鄭玄《注》:'果毅貌也。'又'言容䚩䚩',鄭玄《注》:'教令嚴也。'《周禮·保氏》'乃教之六儀:……五曰軍旅之容',鄭玄謂:'軍旅之容,暨暨䚩䚩。'壺銘訢䚩即暨暨䚩䚩,是軍旅之容。"①

"訢䚩",李學勤、李零疑讀爲"嘅愕",驚歎的意思。② 湯餘惠《戰國銘文選》讀之爲"謇諤"。其云:"訢䚩,讀爲謇諤,忠直敢言的樣子。謇,又

---

① 張政烺:《中山國胤嗣𡥈𫵰壺釋文》,《張政烺文集·甲骨金文與商周史研究》,第 350 頁。

② 李學勤、李零:《平山三器與中山國史的若干問題》,《考古學報》1979 年第 2 期,第 161 頁;李學勤:《新出青銅器研究》(增訂版),第 161 頁。

作䇮。《後漢書·陳忠傳》：'忠臣盡䇮謇之節。'"①馬承源《商周青銅器銘文選》讀爲"齗詻"。其注釋云："訢，忻喜字，假爲齗，《説文·齒部》以爲'齒本肉也'，在此形容爲露齒爭辯。《史記·魯周公世家》太史公引孔子曰：'甚矣魯道之衰也！洙泗之間齗齗如也。'裴駰《集解》引徐廣曰：'齗齗，是鬭爭之貌。'又《漢書·地理志》：'魯道衰，洙泗之間齗齗如也。'顔師古《注》：'齗齗，分辯之意也。'詻，直言爭論。《説文·言部》：'詻，論訟也。'又通謣，《墨子·親士》：'君必有弗弗之臣，上必有詻詻之下。'《閒詁》：'詻詻與謣謣同。'《説文》無謣字，《集韻·鐸部》：'謣，謣謣直言。'齗謣，意爲直言爭論。"②

《䩍墓——戰國中山國國王之墓》整理者讀"訢詻"爲"靳詻"。其注釋云："訢，應讀爲靳。《左傳·莊公十一年》注引服虔云：'恥而惡之曰靳。'詻，《説文》云：'詻，論訟也。'"③洪家義《金文選注繹》讀爲"警詻"，謂即戒敕，嚴厲聲討之意。④ 另有徐中舒讀爲"誓恪"，⑤于豪亮讀爲"威赫"等説。⑥

上述諸家説法釋字及引述文獻，疏解文義多有可取之處。我們認爲銘文"訢詻"應即上文《禮記·玉藻》之"䜩䜩""詻詻"，古形容詞單複形式往往無別。古文字"斤""既"音近常相通假，如上博簡《容成氏》簡38"晢（堲）爲㫷（丹）宫"，即其例。"䜩"，同"䜩䜩"，果毅剛强之貌。"䜩䜩"，古書又或作"齗齗"，已見上《史記·魯周公世家》文。裴駰《集解》引徐廣

---

① 湯餘惠：《戰國銘文選》，長春：吉林大學出版社，1993年，第40頁。
② 馬承源主編：《商周青銅器銘文選（四）》，北京：文物出版社，1990年，第580頁。
③ 河北省文物研究所編：《䩍墓——戰國中山國國王之墓》，北京：文物出版社，1996年，第395頁。
④ 洪家義：《金文選注繹》，南京：江蘇教育出版社，1988年，第677頁。
⑤ 徐中舒：《中山三器釋文及宫堂圖説明》，《徐中舒歷史論文選輯》下册，北京：中華書局，1998年，第1339頁。
⑥ 于豪亮：《中山三器銘文考釋》，《考古學報》1979年第2期，第182頁。

曰："蓋幼者患苦長者，長者忿愧自守，故齗齗爭辭，所以爲道衰也。"司馬貞《索隱》謂："徐廣又引《地理志》音五艱反，云齗齗是鬭爭之貌。"徐廣説是也。上引《漢書·地理志》"齗齗"下顔師古注："齗齗，分辯之意也。"又《漢書·鄭弘傳》"辯者騁其辭，齗齗焉，行行焉"下顔師古注："齗齗，辯爭之貌；行行，剛强之貌也。"馬承源謂："訢，忻喜字，假爲齗，《説文·齒部》以爲'齒本肉也'，在此形容爲露齒爭辯。"他將銘文"訢（齗）"訓爲露齒爭辯，是有問題的。"齒本肉也"乃"齗"之本義，讀爲直言爭辯之"齗"，乃假借用法，不可糾合本字本義與假借義爲一談。從銘文中"訢詻"二字皆可訓爲直言論爭貌來看（詳參下文），此處之"訢"當讀爲"曁曁"之"曁"或"齗齗"之"齗"，以訓直言論爭貌最爲合適。如此看來，銘文"訢"與《説文》之"訢（欣）"僅爲同形關係，此字也有可能是戰國時代爲訓直言論爭之"曁""齗"所造之本字。

"曁"與"慨"亦音近意通，有同源關係。《史記·游俠列傳》："（郭解）少時陰賊，慨不快意，身所殺甚衆。""慨"，憤激之貌。又李陵《答蘇武書》："慰誨懃懃，有逾骨肉。陵雖不敏，能不慨然。"《後漢書·黨錮傳·范滂》："滂登車攬轡，慨然有澄清天下之志。""慨然"，激憤慷慨貌。將銘文"訢詻"之"訢"讀爲"慨"，訓爲憤激之貌，亦頗契合上下文意。疑"曁曁"之"曁"同慷慨之"慨"，皆指情緒激昂。

銘文"訢詻"之"詻"，當同《禮記·玉藻》"言容詻詻"之"詻詻"。張政烺認爲"曁詻"即"曁曁詻詻"，將之與軍旅之容相聯繫，從上下文來看，應無問題。"言容詻詻"之"詻詻"，鄭注隨文釋義訓爲"教令嚴也"，其實這裏本義仍是指發號施令時直言激憤、表情嚴厲之貌。《説文·言部》："詻，論訟也。"所謂"論訟"，即直言爭辯、論難。"詻"與"詻詻"義同。《墨子·親士》："君必有弗弗之臣，上必有詻詻之下。""詻詻"即訓爲直言論爭貌。《禮記·玉藻》《墨子·親士》之"詻詻"不論使用場景（軍官統帥、大臣等相關），還是具體用法皆與銘文"訢詻"之"詻"相合。

頗值得注意的是,"詻詻"與"咢咢"亦音近意通,有同源關係。馬承源説"詻"又通"諤",引孫詒讓《墨子閒詁》謂"詻詻"與"諤諤"同,已經指出此層關係。王筠《説文句讀》"詻"字下亦謂:"詻蓋與咢同字。叩部咢,譁訟也。咢之今字作噩。"上博簡《弟子問》簡19:"子逄(路)造(往)虖(乎)子,噩=(咢咢)女(如)也女(如)敄(誅)。""噩噩"即"咢咢""諤諤""愕愕"。《説文・叩部》:"咢,譁訟也。从叩、屰聲。"《漢書・韋賢傳》:"瞻瞻詻夫,咢咢黄髮。"顔師古注曰:"咢咢,直言也。""咢"又孳乳爲"諤"。《集韻・鐸韻》:"諤,諤諤,直言。"《韓詩外傳》卷十:"有諤諤爭臣者,其國昌;有默默諛臣者,其國亡。""諤諤"或作"愕愕"。《史記・商君列傳》:"千人之諾諾,不如一士之諤諤。"諤諤,《文選・袁宏〈三國名臣序贊〉》李善注引作"愕愕"。又《管子・白心》:"愕愕者不以天下爲憂。"《鹽鐵論・國疾》:"萬里之朝,日聞唯唯而後聞諸生之愕愕,此乃公卿之良藥針石。"陳斯鵬在談到《弟子問》時謂:"簡文'噩'讀'愕'讀'諤'均無不可,不過當以'咢'爲其本字。子路性魯直,經常敢于與孔子直言論難,故簡文謂其'咢咢如也如誅'。'誅'者,以言語誅責攻討也。"①以"咢咢"爲本字,與《説文》合,或是。"咢咢""諤諤""愕愕"皆表直言爭辯貌。

綜上所論,銘文"訢詻戰(僤)忞(怒)"當讀爲"誾(或斷)詻僤怒",是形容中山相邦司馬賈其時直言辯爭、激憤盛怒之情狀。

四

中山胤嗣妾䗱圓壺銘文云:

隹(唯)送(朕)先王,茅(苗)蒿(蒐)猎(田)獵,于皮(彼)新坯(土),其遵(膽)女(如)林。駿(駁)右和同,三(四)駐(牡)汸=

---

① 陳斯鵬:《讀〈上博竹書(五)〉小記》,簡帛網,2006年4月1日。

（汸汸—滂滂），㠯（以）取鮮藁（薧），卿（饗）祀先王，惠（德）行盛
旺，D 俟（逸）先王。於（烏）虖（呼），先王之惠（德），弗可還（復）
貝（得）！

D 字照片、拓本、摹本分別作如下之形：

"D 俟（逸）"，舊有多種釋讀意見，其中以張政烺説最值得重視。張
政烺認爲 D 字當從"垂"聲，疑讀爲"差"，"俟（逸）"讀爲"軼"，銘文"差軼
先王"是説差不多超過了先王。又指出上引銘文中"唯朕先王"及"先王
之惠（德）"等均指王䁽，而"饗祀先王""差軼先王"之先王則是指王䁽之
先王。

張政烺辨析銘文中前後所見兩類先王，從上下文來看，其説當是。
從銘文來看，"D 俟（逸）先王"四字顯然應是誇贊王䁽之語。"俟（逸）"，
張政烺讀爲"軼"，認爲指超過；又辨析銘文中前後所見兩類先王，認爲此
處"先王"指王䁽的先王，均可信從。《漢書·揚雄傳》："軼五帝之遐迹
兮，躡三皇之高蹤。"顏師古注："軼，亦過也。"字或作"佚"。《新書·勸
學》："今夫子之達佚乎老聃。"《文選·鮑照〈蕪城賦〉》："才力雄富，士馬
精妍。故能㚒秦法，佚周令。"李善注："㚒，侈字也。軼，過也。佚與軼
通。"將銘文之"俟（逸）"讀爲"軼"，理解爲王䁽之德行超過了其之前的先
王（王䁽以前四世爲文公、武公、桓公、成王），這從中山三器反復稱贊王
䁽功績來看是頗爲合適的。

不過，將 D 分析作從"垂"聲，讀爲"差"，不論是從字形來看，還是從
銘文文意來看恐均有問題。

我們認爲 D 字所從之應當是其聲符，形即戰國文字"枣"之
變體。

陳劍先生曾指出:西周金文▨、▨、▨等形當釋爲"遘(述)",讀爲匹仇之"仇"。東周文字"棗""曩(早)""嬬(曹)"等字皆當从"桼"聲。他還指出,傳抄古文"奏"字或作▨、▨、▨、▨,春秋金文鷻鐘讀爲"奏"之字作▨,"墺"字古文作▨,"就"字古文作▨、▨、▨,所從▨、▨等形並▨(桼)字變體。① 其説可信。

陳文所舉東周文字"桼"旁上半或作▨、▨、▨、▨,傳抄古文作▨、▨等形,諸形皆與▨或其上部所從(除掉"十"形部分)相合或形近。韓鍾劍"造"从"曩(早)"聲,形作▨,則銘文▨下從"日",也可以理解爲從"早"聲。

從上文討論來看,D 當分析爲从"桼"或"早"聲,古文字从"桼"或"早"又可讀爲音近之"造",所以 D 也可以讀爲"造"。銘文"造"是成就、功業之義。《詩·大雅·思齊》:"肆成人有德,小子有造。"毛傳:"造,爲也。"鄭玄箋:"子弟皆有所造成。"馬瑞辰《通釋》:"《説文》:'造,就也。'造就二字疊韻爲義。"古書又有"大造",即大功。《左傳·成公十三年》:"秦師克還無害,則是我有大造於西也。"《爲袁紹檄豫州》:"則幕府無德於兖土之民,而有大造於操也。"

上舉傳抄古文"就"皆从"桼"聲。針對這一現象,陳劍亦有專門討論。他指出:

> 這些形體都與前引西周金文中的 A~F(引者按:即上引西周金文"遘"字)諸形相當接近。它們也有可能就是由金文的"辻"(引者按:即"遘")訛變而來的。辻在金文中用作"仇",仇

---

① 陳劍:《據郭店簡釋讀金文一例》,《北京大學中國古文獻研究中心集刊》第二輯,北京:北京燕山出版社,2001 年,第 379—396 頁。

與就都是幽部字。不過，它們的聲母畢竟有較大的差別。以△(引者按：即"朵")爲聲的字，在西周金文和戰國楚簡文字中都表示發舌根音的"仇"，爲什麽在傳抄古文所反映的戰國文字中又可以表示發齒頭音的"就"，我們感到難以解釋。這到底是語音演變造成的方言歧異的體現，還是另有我們尚不清楚的原因，有待進一步研究。①

現在看來，"就"字古文作 ![字形] 、![字形] 、![字形] 等形，也可能就是造訪之"造"的本字。傳抄古文所引字形作"就"，當係誤植。傳抄古文這類兩字誤植的現象有不少就屬於義近換用關係，如"禍"字古文或作"殃"，"順"字古文或作"若"，"敬"字古文或作"穆"等。② "造""就"皆有成就之義，"造"字古文或作"就"也應歸屬於此類情況。

銘文"惪(德)行盛生"之"生"，即"往"，或讀爲"廣"。"盛""廣"皆可訓爲大，同義連用。"德盛"或"盛德"，見《大戴禮記·盛德》"凡德盛者治也，德不盛者亂也；德盛者得之也，德不盛者失之也"，《史記·老子韓非列傳》"良賈深藏若虛，君子盛德，容貌若愚"。"德廣"或"廣德"，見《説苑·敬慎》"德行廣大而守以恭者榮"，《鹽鐵論·本議》"畜仁義以風之，廣德行以懷之"，《後漢紀·光武皇帝紀》"地廣者荒，德廣者强"。"生"亦可讀爲"皇"。"皇"或作"煌"，大、盛之義。《詩·大雅·皇矣》"皇矣上帝，臨下有赫"，毛傳："皇，大。"《儀禮·聘禮》"賓入門皇，升堂讓"，鄭玄注："皇，自莊盛也。"《禮記·曲禮下》"天子穆穆，諸侯皇皇"，孔疏："諸侯皇皇者，自莊盛也。""德煌"，見《獨斷》卷上"皇者，煌也。盛德煌煌，無所不照"。

綜上所述，銘文"德行盛廣(或皇)，造軚先王"，指王䚄德行盛大，功

---

① 陳劍：《據郭店簡釋讀金文一例》，第396頁。
② 徐在國：《隸定古文疏證》"前言"，合肥：安徽大學出版社，2002年，第5頁。

業超過之前先王。此處銘文可參《論衡·感類》:"周公功德盛於三王,不加王號,豈天惡人妄稱之哉?"又《東觀漢紀·郊祀志》:"陛下無十室之資,奮振於匹夫,除殘去賊,興復祖宗,集就天下,海内治平,夷狄慕義,功德盛于高宗、武王。"

【附記】

本文交稿後,發現劉洪濤、沈曉凡《利用出土文獻校正王力〈古代漢語〉文選注釋舉例》(《出土文獻》2021年第3期,第111頁注5)亦認爲"㤅(愛)深"之當讀爲"質"。但此文認爲"質"是正直之義,"質愛"是正直之愛,這與本文觀點有別。亦請讀者參看此文。

(周波:復旦大學出土文獻與古文字研究中心、"古文字與中華
　　　文明傳承發展工程"協同攻關創新平臺,200433,上海)

秦兵器銘文校釋二則

王 偉

〔摘　要〕　十五年相邦戈銘文可據殘存筆畫、新做銘文摹本以及秦戈銘文文例補出"相邦""鹹工帀"等字,並將工名釋爲"宣";另據戈銘紀年推測相邦或是"客卿壽燭";依據秦文字中完整清晰的"襄"字字形,將戰國矛銘舊釋所謂"卒人"改釋爲"襄",懷疑矛銘或是屢見於秦文字的"襄成"。

〔關鍵詞〕　秦兵器　銘文　襄

一

陳林《秦兵器銘文編年集釋》收録一件來自"盛世收藏"網站的秦戈内部銘文照片(圖一),陳林釋文爲"十五年,□造,成,工□"。① 今據圖片試做摹本如下(圖二),銘文可暫釋爲:

十五年相□(邦?)□
造,咸工帀(?)□
工宣

---

①　陳林:《秦兵器銘文編年集釋》二百〇二號,復旦大學碩士學位論文,2012年,第195頁。

圖一　　　　　　　　　圖二

第一行"年"下一字，左邊還有殘畫"木"和一豎畫，應爲"相"字殘存的筆畫。第二行"造"下一字，陳林《秦兵器銘文編年集釋》釋爲"成"，該字筆畫輪廓基本與"成"字符合。但諦審照片字的左下部分，似有殘畫組成不封閉的圓圈，或是"咸"字左下部的"口"旁，故似應釋爲"咸"字。第二行"工帀"二字刻劃不清晰，難以確定，但據秦戈刻銘通例應爲"工師某"。第三行末字據筆畫走向可釋爲"宣"字。

據僅見的戈內局部照片，可知戈內三面開刃，內上有一楔形穿，符合戰國中晚期秦戈基本形制，故此戈銘的"十五年"最有可能是昭襄王十五年。與之年代相近的有十四年相邦冉戈（《銘圖》17243，圖三、四），銘文爲"十四年，相邦冉造，樂（櫟）工帀豕（?）工禺"，其題銘格式和"帀"字的寫法與此戈均相似。①

圖三

---

① 秦昭襄王前十四年間相邦和丞相任職情況可參拙著：《秦璽印封泥職官地理研究》，北京：中國社會科學出版社，2014年，第109頁。

圖四　　　　　　　圖五

這件十五年相邦戈的相邦名缺失，但可據史料推測或是"客卿壽燭"。《史記·秦本紀》："（昭襄王）十二年，樓緩免，穰侯魏冉爲相。"此爲魏冉相秦之開始。《史記·穰侯列傳》："（昭王十五年）魏冉謝病免相，以客卿壽燭爲相。其明年，燭免，復相冉，乃封魏冉於穰，復益封陶，號曰穰侯。"可知魏冉在秦昭襄王十五至十六年間曾"謝病"未擔任相邦。這件戈或是"魏冉謝病免相"期間時任相邦的壽燭所監造的兵器。

魏冉免相期間由客卿壽燭暫任相邦，則壽燭原本的職位應是"丞相"，如紀年數字缺失的秦"丞相觸戈"（圖五），我們推斷其時代爲昭襄王十五或十六年。① 將"丞相觸戈"與這件十五年相邦戈銘文對照，二者題銘格式相同，且都有"咸工帀"，即"咸陽工帀"，這也可以看作兩件兵器製作年代接近的一個佐證。

二

《集成》11494 著録一件戰國晚期中陽矛，我們據置用地名及刻銘字體風格認定其爲秦兵器。② 矛骸一面刻"中陽"，另一面刻銘的拓本如下

---

① 王輝、王偉：《秦出土文獻編年訂補》132 號，西安：三秦出版社，2014 年，第 54 頁。
② 王輝、王偉：《秦出土文獻編年訂補》1425 號，第 325 頁。

(圖六),《集成》和《銘圖》等均釋之爲"卒人",而陳林《秦兵器銘文編年集釋》徑釋爲"襄城",於字形無説。①

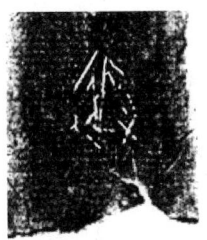

圖六

今按,舊釋所謂"卒人"與刻銘[字]字形有一定距離,似不可信;陳林《秦兵器銘文編年集釋》釋爲"襄城"則需要進一步具體分析。

首先,矛銘[字]釋爲"襄"字可能性極大。秦文字中"襄"字常見,我們曾舉如下①秦簡中"襄"字、②③④⑤⑥⑦⑧⑨所示秦璽印封泥文字中"襄"字爲例。② 矛銘[字]上部與秦文字"襄"筆畫基本符合,祇是在字體形態上矛銘[字]刻得尖一些而已。另外,矛銘[字]右下部的"又"旁亦能看得比較清楚。整體上矛銘[字]與秦文字"襄"字的輪廓和細節均較吻合,故將矛銘[字]釋爲"襄"字可能性較大。

① ② ③ ④ ⑤

---

① 陳林:《秦兵器銘文編年集釋》一百八十六號,第185頁。
② 參王偉:《戰國襄成環權銘文校釋》,《出土文獻》第十四輯,上海:中西書局,2019年,第204—206頁。

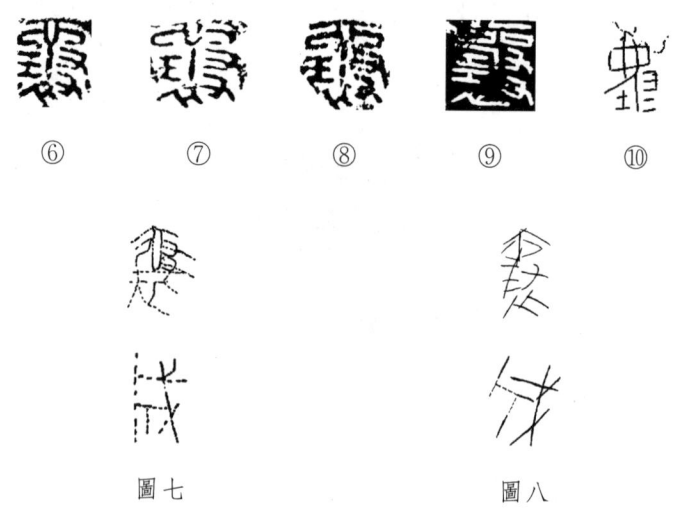

圖七　　　　　　圖八

其次,矛銘釋爲"襄城"亦符合秦兵器刻銘多爲置用地的特點,且"襄城"亦見於秦兵器刻銘(圖七、圖八)。① 由於矛銘殘存筆畫有限,拓本的清晰度並不理想,矛銘▆下是否還有一"成"字似暫難以判斷。

（王偉:陝西師範大學文學院,710119,西安）

---

① 参蔣文、馬孟龍:《談張家山漢簡〈秩律〉簡 452 之"襄城"及相關問題》,《中國歷史地理論叢》2019 年第 1 期,第 65－71 頁;董珊:《論陽城之戰與秦上郡戈的斷代》,北京大學中國考古學研究中心、北京大學震旦古代文明研究中心編:《古代文明》第三卷,北京:文物出版社 2004 年,第 350－351 頁。

談談幾件低紀年上郡兵器的年代*

湛秀芳

〔摘　要〕　上郡是戰國時期秦兵器的重要產地,上郡兵器已公布四十餘件,目前尚有六件屬秦莊王和秦王政時的低紀年兵器的具體王世仍存爭議。本文通過繫聯秦昭王晚期秦國名將王齮督造的兵器,將三件由王齮督造的二年、三年上郡兵器置於秦莊王世,將元年上郡假守暨戈和兩件二年和三年上郡守冰戈置於秦王政世,明確了這六件兵器的鑄造年代。

〔關鍵詞〕　上郡守䓉兵　上郡守冰戈　元年假守暨戈

秦惠文王前元十年(前328年)上郡入秦,上郡緊鄰三晉,是秦東伐三晉的後方基地,也是秦國兵器的重要產地,目前所見上郡兵器已有四十餘件。上郡兵器的斷代問題,自20世紀50年代以來,迭經學者研究,絕大多數已經明確,目前僅有六件屬秦莊王和秦王政世的低紀年兵器的具體年代尚存爭議,分别是:

　　1.三年上郡守冰戈　(《銘圖》17295)
　　釋文:三年,上郡守冰造,漆工壯,丞徒,工城旦羊(?)。
　　2.二年上郡守冰戈　(《銘圖》17294)
　　釋文:二年,上郡守冰造,高工,丞沐叚,工隸臣徒。
　　3.二年上郡守䓉戈　(《銘圖》17292)

---

*　本文系國家社科基金重大項目"出土先秦文獻地理資料整理與研究及地圖編繪"(18ZDA176)的階段性成果。

釋文：二年，上郡守錡造，漆工衍，丞圂，工隸臣周。

4. 元年上郡假守暨戈 （《銘圖》17291）

釋文：元年，上郡叚（假）守暨造，柰（漆）工壯，丞圂，工隸臣黄（？）。

5. 二年上郡守錡矛 （《銘三》1571）

釋文：二年，上郡守錡造，漆工衍，丞圂，工隸臣周。

6. 三年上郡守錡矛 （《銘三》1572）

釋文：三年，上郡守錡造，漆工衍，丞圂，工隸臣周。

1號戈最早著録於1957年刊行的《商周金文録遺》，2號戈1979年出土於内蒙古準格爾旗，陳平先生從形制和辭例兩方面指出兩件戈兵所屬王世有秦莊王和秦始皇兩種可能，認爲作於秦莊王世的可能性更大。[1] 3號戈最早著録於《集成》，林清源先生考慮到此戈郡守與1、2號戈不同，推論其作於秦昭王世。[2] 4號戈2006年由《珍秦齋藏金·秦銅器篇》公布，王輝先生將督造者上郡守之名釋爲"暨"，認爲"暨"即活動於秦昭王晚期至秦王政早期的秦國名將王齕，亦即王齮，將1-4號兵器都置於秦莊王世。[3] 董珊先生也持秦莊襄王之説。[4] 蘇輝先生同意1、2號上郡守冰戈屬秦莊襄王世的意見，但指出3、4號兵器更有可能鑄於秦王政時。[5] 1-4號兵器從形制和辭例來看，當屬秦莊王或秦王政世。但4件兵器的

---

[1] 陳平：《試論戰國型秦兵的年代及有關問題》，《中國考古學研究論集》編委會編：《中國考古學研究論集——紀念夏鼐先生考古五十周年》，西安：三秦出版社，1987年，第321-322頁。

[2] 林清源：《〈殷周金文集成〉新收戰國秦戈考釋》，吉林大學古文字研究室編：《于省吾教授百年誕辰紀念文集》，長春：吉林大學出版社，1996年，第99-100頁。

[3] 王輝、蕭春源：《珍秦齋藏秦銅器銘文選釋（八篇）》，蕭春源總監：《珍秦齋藏金·秦銅器篇》，澳門：澳門基金會，2006年，第195-201頁。

[4] 董珊：《讀珍秦齋藏秦銅器札記》，蕭春源總監：《珍秦齋藏金·秦銅器篇》，澳門：澳門基金會，2006年，第217-218頁。

[5] 蘇輝：《秦三晉紀年兵器研究》，上海：上海古籍出版社，2013年，第172-174頁。

確切鑄造年代,在上述研究中都缺少堅實的依據,因此這4件兵器的斷代在學界未能達成共識。2013年《中國文字研究》刊布的5、6號兵器銘文摹本,爲這個問題的解決帶來了轉機。蔣文先生指出3號兵器中的上郡守和5、6號兵器相同,當釋爲"錡",並認爲上郡守"錡"爲秦國名將王齮。《史記·秦始皇本紀》所載"三年,王齮死",正是秦王政三年轉由相邦吕不韋和上郡假守定共同監造上郡兵器①的原因,據以將三件上郡守錡兵器置於秦王政世。② 蔣文先生對3、5、6號兵器銘文的釋讀意見是可信的,但其推測王齮死於上郡守任上似乎證據不足。繫聯秦昭王晚期的上郡兵器,這六件低紀年兵器的所屬王世還有重新探討的必要。

秦昭王晚期,上郡鑄造的兵器包括以下三件:

> 7. 卌六年上郡守凌戈 (《銘三》1519)
>
> 釋文:卌六年,上郡守凌造,高工丞康,隸臣湏。
>
> 8. 卌八年上郡假守䵼戈 (《銘圖》17299)
>
> 釋文:卌八年,上郡叚守䵼造,漆工平,丞冠㝮,工駔。
>
> 9. 五十年上郡守猗戈 (《銘圖》17293)
>
> 釋文:五十年,上郡守猗造,工室衆,工闌。

四十六年上郡守凌,常淑敏先生、李蓉先生疑即《秦本紀》《白起列傳》中秦昭王四十八年(前259年)攻邯鄲的五大夫王陵。③ 四十八年上郡假守䵼,董珊先生推測可能是《秦本紀》《穰侯列傳》記載的秦客卿"竈",《戰國策·秦策三》中此人名作"造",主要事迹是在秦昭王三十六年(前272

---

① 兩件相邦吕不韋和假守定監造的兵器爲:1.三年相邦吕不韋矛(《銘圖》17684),銘文:三年,相邦吕[不韋,上]郡叚(假)守定,高工䤸,丞申,工地;2.三年相邦吕不韋矛(《銘圖》17683),銘文:三年,相邦吕不韋造,上郡叚(假)守定,高工䤸,丞申,工地。

② 蔣文:《二年上郡守錡戈的銘文年代及相關問題》,《中國文字研究》第十八輯,上海:上海書店出版社,2013年,第92—96頁。

③ 常淑敏、李蓉:《戰國兵器銘文研究三則》,《南方文物》2020年第1期,第212—214頁。

年)攻剛、壽。① 五十年上郡守犄,蘇輝先生認爲"郡守名从牙从奇,當是'齮'的異體字,可能是見於史書的秦將桓齮"。② 王偉先生指出桓齮行事不在秦昭王時,而"'王齮'處於昭襄王五十年到秦王政三年之間,故五十年上郡守犄戈的郡守應是王齮"。③ 三件兵器材料表露秦昭王四十六年(前 261 年)至五十年(前 257 年)上郡守的頻繁更換,體現了是時秦趙兩國戰況的膠著。《秦本紀》詳細記載了秦昭王四十七年(前 260 年)至五十年(前 257 年)秦國攻打趙國的情況:四十七年,秦破趙長平,繼續向東攻取武安、皮牢,兵臨趙都邯鄲;四十八年,王陵率軍攻邯鄲(王陵出兵在外,由假守鼂督造兵器);四十九年,王陵免將,王齮代將;五十年,王齮又攻邯鄲。由五十年上郡守犄戈知,秦昭王四十九年(前 258 年),王齮代將同時任上郡守,上郡守掌握着軍事指揮權,這一任命合乎情理。從秦昭王晚期王齮已任上郡守的史實來看,可以確定屬秦莊王或秦王政世的上郡假守暨不是王齮。④

四件王齮督造的上郡兵器分別爲:五十年上郡守犄戈、二年上郡守錡戈、二年上郡守錡矛、三年上郡守錡矛。它們的年代當相近,所以二年和三年上郡守錡戈、矛應製於秦莊王二年(前 248 年)、三年(前 247 年)。

---

① 董珊:《四十八年上郡假守鼂戈考》,蕭春源總監:《珍秦齋藏金·秦銅器篇》,澳門:澳門基金會,2006 年,第 207—211 頁。
② 蘇輝:《秦三晉紀年兵器研究》,第 166 頁。
③ 王偉:《秦五十年上郡戈銘文校釋及相關問題》,《古文字研究》第三十三輯,北京:中華書局,2020 年,第 310—313 頁。
④ 假守的性質,王偉先生認爲"之所以稱爲假守,就是因爲正式的郡守仍在職"。見王偉:《秦守官、假官制度綜考——以秦漢簡牘資料爲中心》,《簡帛研究 二〇一六》(秋冬卷),桂林:廣西師範大學出版社,2017 年,第 59—79 頁。這一意見得到王丹、夏曉燕兩位先生於 2018 年公布的秦昭王五十二年蜀郡假守竈戈的進一步佐證。徐世權先生提出秦昭王五十二年至秦莊王二年由李冰擔任上郡守,蜀郡假守竈自李冰上任後輔助其戍守蜀郡。見徐世權:《秦"五十二年蜀假守竈戈"新考》,《古文字研究》第三十三輯,北京:中華書局,2020 年,第 639—646 頁。

準此,二年和三年上郡守冰戈應鑄於秦王政二年(前 245 年)、三年(前 244 年)。王齮歷經秦昭襄王、秦孝文王世,至秦莊襄王三年仍任上郡守,《秦本紀》載:"(秦莊王)四年(引按:應爲三年),王齮攻上黨。"① 王齮以上郡守之職將軍攻上黨,在情理之中。

既明確了上郡守䤾戈、矛和上郡守冰戈的年代,還需要確定元年上郡假守暨戈的年代。該戈產地爲漆垣,工師爲壯,與產地同爲漆垣的三年上郡守冰戈的工師相同,而與同鑄地的二年和三年上郡守䤾矛的工師不同,因此元年上郡假守暨戈應與二年和三年上郡守冰戈處於同一王世,鑄造年代在秦王政元年(前 246 年)。秦王政元年緊接秦莊王三年,元年上郡假守暨戈與二年和三年上郡守䤾戈、矛中的丞都爲園,也並不奇怪。

至此,本文開頭所說的六件低紀年上郡兵器的絕對年代都已確定,其年代序列爲:二年上郡守䤾戈、矛(秦莊王二年)——三年上郡守䤾矛(秦莊王三年)——元年上郡假守暨戈(秦王政元年)——二年上郡守冰戈(秦王政二年)——三年上郡守冰戈(秦王政三年)。

【引書簡稱】

《集成》——中國社會科學院考古研究所編:《殷周金文集成》(修訂增補本),北京:中華書局,2007 年。

《銘圖》——吳鎮烽:《商周青銅器銘文暨圖像集成》,上海:上海古籍出版社,2012 年。

《銘三》——吳鎮烽:《商周青銅器銘文暨圖像集成三編》,上海:上海古籍出版社,2020 年。

(湛秀芳:吉林大學考古學院、"古文字與中華文明
傳承發展工程"協同攻關創新平臺,130012,長春)

---

① (漢)司馬遷撰,(宋)裴駰集解,(唐)司馬貞索隱,(唐)張守節正義:《史記》卷五《秦本紀》,北京:中華書局,2014 年,第 275 頁。

安大簡《曹沫之陳》"劓"讀"搏"試説

范常喜

〔摘　要〕　安大簡《曹沫之陳》與上博簡《曹沫之陳》是同一篇兵學文獻。安大簡本的刊布爲本篇竹書中疑難字詞的解讀提供了許多新綫索。我們通過對比考察發現，安大簡本中兩處"劓"字都應讀作"搏"，表示搏聚之義。簡文所記"劓(搏)兵聚力"的理念與傳世古書及漢簡兵書所記用兵之道相符合。上博簡本相對應之字"緯"同樣當讀爲"搏"，不應讀作"敦"或"斷"。

〔關鍵詞〕　安大簡　曹沫之陳　上博簡　搏

一、引言

安徽大學藏戰國竹簡《曹沫之陳》與上海博物館藏戰國楚竹書《曹沫之陳》是同一篇兵學文獻。安大簡本保存較好、缺簡較少，前後編聯順序也比較明確。參照上博簡本後，整篇竹書基本可以得到復原。兩相對讀便會發現，兩個抄本間存在不少異文。這些文本信息與異文爲整篇文獻疑難字詞的釋讀提供了新的思路與綫索。

據整理者李鵬輝先生介紹，安大簡《曹沫之陳》共存66枚簡，經拼

---

* 本文系國家社科基金重大項目"戰國文字研究大數據雲平臺建設"（21&ZD307）、國家社科基金重大項目"戰國文字詁林及數據庫建設"（17ZDA300）的階段性成果。

合、編聯後共 44 支,其中完整簡 30 支,與上博簡相參較可知其缺失了 2 支,故全篇應共 46 支簡。① 全篇竹書的整理與注釋成果已收入《安徽大學藏戰國竹簡(二)》中。② 我們研讀之後,發現篇中的兩處整理者讀作"敦"或"專"的"劃"字或當讀作"搏",訓作搏聚。下面對此略作申説。

二、"劃"所在簡文及考釋

安大簡《曹沫之陳》簡 17—18:"五人吕(以)敔(伍),乂=(一人)又(有)多,四人皆賞,所吕(以)爲劃(敦)。毋走(尚)朕(獲)而走(尚)餌(聞)命,所吕(以)爲毋退。遲(將)車吕(以)車,銜(率)徒吕(以)徒,所吕(以)同死。"

安大簡《曹沫之陳》簡 19:"戒旁(勝)怠(怠),果旁(勝)矣(疑),辟(親)銜(率)旁(勝)叟(使)人。不辟(親)則不劃(敦)也,不和則不耳(輯),不義則不備(服)。"

我們擬對這兩段簡文中"劃"字的訓解略作補充。這兩處"劃"字原簡文作 ▨(簡 18)、▨(簡 19)。整理者分別隸定爲"劃"與"劃",我們統一隸定作"劃"。對於簡 18 的"劃"字,整理者注云:"'劃',从'刀','叀'聲。《説文》'斷'之古文作'▨',源於此類形體。'劃(斷)',讀爲'敦'。《爾雅·釋詁上》:'敦,勉也。'簡文謂因一人有功,而一併獎賞其他四人,目的是爲了敦勉他們奮力作戰(黃德寬)。或説:'斷,決也,猶言裁定功過賞罰之標準。'(參陳劍《戰國竹書論集》第一一八頁注五)。"簡 19 的

---

① 李鵬輝:《據安徽大學藏戰國竹簡〈曹沫之陳〉談上博簡相關簡文的編聯》,《文物》2022 年第 3 期,第 80—84 頁。

② 安徽大學漢字發展與應用研究中心編,黃德寬、徐在國主編:《安徽大學藏戰國竹簡(二)》,上海:中西書局,2022 年。

"剸"字,整理者注曰:"'剸',上注指出即《說文》古文'斷',讀爲'敦'。簡文指不能親身率軍作戰就不能達到敦勉(兵士)的效果(黃德寬)。《上博四·曹沫》簡三三'剸'作'綧'。'綧'即'綧'。'敦''綧'皆从'臺'聲。'綧''剸(斷)'音近古通。《莊子·逍遥遊》'越人斷髮文身',陸德明《釋文》注引司馬彪本'斷'作'敦'。上博簡注釋'綧'讀'敦'可從。或讀爲'專'。《易·繫辭上》韓康伯注:'專,專一也。'"①

三、"剸"當讀作"摶"

由於19號簡"不辟(親)則不剸也"相對容易理解,所以首先討論其中的"剸"字。我們認爲"剸"應讀作"摶",二字皆以"叀"爲基礎聲符,自可相通。"不辟(親)則不剸也"應理解爲:將領如果不親自率軍,士兵就不會摶聚、親附。《孫子兵法》中有相似内容的記述,可以與此相印證,不過其中的"摶"寫作"槫"或"專"。

銀雀山漢簡《孫子兵法·行軍》簡102:"……而罰之,則不服,不服則難用也。卒已槫親而罰不行,則不用。"整理小組注:"'槫親',十一家本作'親附',《治要》卷三三、《通典》卷一四九引作'附親',《長短經·禁令》引作'專親'。'專''槫'古通,《長短經》引文與簡本合。十一家本上句'卒未親附',《御覽》卷二九六亦引作'卒未專親'(此句之'卒已專親',《御覽》作'卒已親附',疑是後人所改)。"②根據整理小組提供的信息可知,簡本中的"槫親",今本異文作"親附""附親""專親"等。因此,"槫親"或"專親"應與親附、擁護、愛戴等同義。此處的"槫"或"專"皆應讀作

---

① 安徽大學漢字發展與應用研究中心編,黃德寬、徐在國主編:《安徽大學藏戰國竹簡(二)》,第64頁。

② 銀雀山漢墓竹簡整理小組編:《銀雀山漢墓竹簡〔壹〕》"釋文注釋",北京:文物出版社,1985年,第18、20頁。

"摶",出土漢代文字資料中多用"槫"爲"摶"①。如馬王堆帛書《老子》乙本 224 下—225 上"槫氣至柔",今本《老子》第十章作"專氣至柔"。整理者將"槫"讀作"摶"。②朱謙之校釋:"《老子》之'專氣',即《管子·内業》之'摶氣',所謂'摶氣如神,萬物備存'(尹注:'摶謂結聚也。')"③據此可知,"卒已槫(摶)親"應即士卒已親附於將領,亦即已經摶聚在將領周圍。這與楚簡《曹沫之陳》告誡將領"不辟(親)則不剴(摶)也"屬於同樣道理。

根據 19 號簡中的"剴"讀作"摶"推測,17—18 號簡中的"剴"也當如是讀。簡文"五人㠯(以)敔(禦)④,亣=(一人)又(有)多,四人皆賞,所㠯(以)爲剴(摶)",意謂:五人共同抵禦,一人多功,四人都賞,爲的是讓士兵摶聚、團結。如此獎賞應該是爲了避免引起"二桃殺三士"的内部鬥爭,以讓士兵同心同德。簡文此句後接兩句爲"毋走(尚)䏠(獲)而走(尚)䎽(聞)命,所㠯(以)爲毋退。迡(將)車㠯(以)車,銜(率)徒㠯(以)徒,所㠯(以)同死","所㠯(以)爲剴(摶)"與其中的"所㠯(以)爲毋退""所㠯(以)同死"相平行,這三句大意應當分別爲:"爲的是讓士兵摶聚、團結""爲的是讓士兵不退却""爲的是讓士兵同赴死"。這三句所述動作行爲的發出者皆爲"士兵"。整理者將"剴"讀作"敦",將"所㠯(以)爲剴"解作"目的是爲了敦勉他們奮力作戰",如此理解便使動作行爲"剴"的發出者變成了將領,與後面兩句不相統一。我們將"剴"讀作"摶",訓作摶聚,則有效避免了這種矛盾。

---

① 更多例證詳參後文。
② 國家文物局古文獻研究室編:《馬王堆漢墓帛書〔壹〕》,北京:文物出版社,1980 年,第 95 頁。
③ 朱謙之:《朱謙之文集》第三卷,福州:福建教育出版社,2002 年,第 447 頁。
④ 簡文此處的"敔",整理者和其他研究者多讀作"伍",與本篇"伍"一般寫作"五"或"伍"的用字習慣欠合,我們認爲當讀作"禦",抵禦之義。

四、文獻中與"摶兵"有關的内容

《曹沫之陳》中的兩處"剸(摶)"字,應該與古人用兵强調摶兵聚力有關。《吕氏春秋·仲秋紀·决勝》:"凡兵之勝,敵之失也。勝失之兵,必隱必微,必積必摶。隱則勝闡矣,微則勝顯矣,積則勝散矣,摶則勝離矣。"此處所云用兵之道"必積必摶""摶則勝離"等皆是"摶兵"理念的體現。出土兵書及相對應的傳世文獻在表示摶兵聚力時,"摶"亦多寫作"槫"或"專"。《孫子兵法·實虛》簡58—59:"故善將者刑(形)人而無刑(形),【□□】槫而適(敵)分。我槫而爲壹,適(敵)分而爲十,是以十擊壹也。"此句中的"槫",今本十一家注《孫子》皆作"專"。整理小組注:"'槫'當讀爲'專'或'團'。"①《孫子兵法·九地》簡122—123:"凡爲【□□□】槫,淺則散。"整理小組注:"凡爲【□□□】槫,十一家本作'凡爲客之道,深則專'。簡文'槫'當讀爲'專'或'團'。"②劉㲋先生指出,今本《九地》篇中的"專"字當讀作"摶"。"摶"字的本義是"聚",用在軍事行動上,指的是併合隊伍,集中兵力。"深則專"是説"進入敵境越深,越要集中兵力";反之,所謂"淺則散",就是分散兵力的意思。《虛實》篇中那幾個"專"字,如"我專而敵分""我專爲一,敵分爲十"等,也都是"摶"字,其意與這裏的"專"字同。③

銀雀山漢簡其他兵書中也常見"摶兵聚力"的表述,其字同樣多作"槫",偶爾或作"專"。如《孫臏兵法·延氣》簡399:"氣不斷則迵,【迵】則

---

① 銀雀山漢墓竹簡整理小組編:《銀雀山漢墓竹簡〔壹〕》"釋文注釋",第12、13頁。

② 銀雀山漢墓竹簡整理小組編:《銀雀山漢墓竹簡〔壹〕》"釋文注釋",第21、24頁。

③ 劉㲋:《〈孫子兵法〉注釋商榷八則》,《教學與研究》1979年第5期,第51頁。

不槫易散,臨難易散必敗。"整理小組注:"槫,當讀爲'專'或'團'。"①《尉繚子·兵勸》簡495:"【□□】□固,以槫勝。力分者弱,心疑者北(背)。"整理小組注:"疑此句本作'兵以靜固,以槫勝'。《淮南子·兵略》:'兵靜則固,專一則威,分決則勇,心疑則北,力分則弱。'文字與《尉繚子》此文相近。"②《論政論兵之類·將義》簡1196:"將者不可以不信,不信則令不行,令不行則軍不槫,軍不槫則無名。故信者,兵之足也。"整理小組注:"槫,當讀爲'專'或'團'。……名,功也。"③另有研究者指出:"槫,疑爲'摶',團聚,這裏似指集中統一。"④《論政論兵之類·十陣》簡1532:"枋(方)陳(陣)者,所以剸也。員(圓)陳(陣)者,所以槫也。"整理小組注:"槫,當讀爲'專'或'團'。《孫子·九地》'凡爲客之道,深則專,淺則散','專'與'散'對舉,散謂分散,專謂團聚爲一體。"⑤《守法守令等十三篇·兵令》簡962:"兵以專壹勝,以離散敗。"整理小組注:"宋本此句作'專一則勝,離散則敗'。"⑥

可以看出,在表示摶聚義時,出土漢代簡帛中多用"槫",而傳世古書多用"專"。⑦ 因此,從這一用字現象來看,安大簡整理者認爲19號簡中

---

① 銀雀山漢墓竹簡整理小組編:《銀雀山漢墓竹簡〔壹〕》"釋文注釋",第67、68頁。

② 銀雀山漢墓竹簡整理小組編:《銀雀山漢墓竹簡〔壹〕》"釋文注釋",第81、82頁。

③ 銀雀山漢墓竹簡整理小組編:《銀雀山漢墓竹簡〔貳〕》,北京:文物出版社,2010年,第157頁。

④ 沈陽部隊《孫臏兵法》注釋組:《〈孫臏兵法〉注釋》,沈陽:遼寧人民出版社,1975年,第140頁。

⑤ 銀雀山漢墓竹簡整理小組編:《銀雀山漢墓竹簡〔貳〕》,第188、190頁。

⑥ 銀雀山漢墓竹簡整理小組編:《銀雀山漢墓竹簡〔壹〕》"釋文注釋",第149、151頁。

⑦ 表示摶聚義的"專"與"摶"當有同源關係。參見殷寄明:《漢語同源詞大典》,上海:復旦大學出版社,2018年,第1342—1345頁。

的"剚"或讀爲"專",有其合理的一面,但若據故訓理解其爲表示一心一意的"專一"則不如我們徑讀作"搏"更爲明確。此外,"敦"在古書中也可以表示搏聚義。如《詩經·豳風·東山》:"有敦瓜苦。"毛傳:"敦猶專專也。"孔穎達疏:"敦是瓜之繫蔓之貌,故轉爲專,言瓜繫於蔓專專然也。"陳奐傳疏:"專,古'團'字。"《詩經·大雅·行葦》:"敦彼行葦,牛羊勿踐履。"毛傳:"敦,聚貌。"《廣雅·釋詁三》:"膞,聚也。"王念孫疏證:"《大雅·行葦》篇'敦彼行葦',毛傳云:'敦,聚貌。'《特牲饋食禮》'佐食搏黍授祝',膞、搏、敦並通。"據此看來,古書中的"敦"表示搏聚義時似當視作"搏"之假借,並非"敦"的主要記詞功能。所以我們認爲,即使"敦"有"搏聚"義,也不好將安大簡《曹沫之陳》中的兩處"剚"以及上博簡中相應的異文"緯"讀作"敦"。

五、結 語

綜上可知,安大簡《曹沫之陳》中兩處"剚"字都應讀作"搏",表示搏聚之義。上博簡本相應之字作"緯",也當如是讀,不應讀作"敦"或"斷"。"剚"所在簡文"五人㠯(以)敵(禦),乀=(一人)又(有)多,四人皆賞,所㠯(以)爲剚(搏)",意謂:五人共同抵禦,一人多功,四人都賞,爲的是讓士兵搏聚、團結。"剚"所在的另一處簡文"不𦒱(親)則不剚(搏)也",意謂:如果將領不親自率軍,士兵就不會搏聚、親附。無論是傳世古書,還是出土的銀雀山漢簡兵書,論述用兵之道時都強調搏兵聚力,忌諱兵力分散。這些論述都與簡本《曹沫之陳》中這兩處簡文內容相仿佛。

(范常喜:中山大學中國語言文學系、"古文字與中華文明傳承發展工程"協同攻關創新平臺,510275,廣州)

據安大簡《詩經》用字談楚簡"甪禱"之義

侯乃峰

〔摘　要〕　戰國楚系古文中,"罷"字多見,常用作"一(壹)"。此字的構形如何分析,至今仍聚訟紛紜。楚系卜筮祭禱簡中有"罷禱"一詞,學者或將其與楚簡中的"甪禱""弋禱"繫聯起來,認爲他們是同一個詞語,應當可信。根據安大簡《詩經·蟲斯》篇中從"習"得聲的"遛"對應今傳本"揖"的用字現象,可見學者將"罷"字上部所從的"羽"視爲從"彗"得聲的看法最爲合理。甲骨文"習"字,唐蘭先生即分析爲從曰、彗聲。由此,楚簡中"罷禱"("弋禱""甪禱""褶禱")的含義,也可以稍作討論。這個詞語最有可能當讀爲"習禱",因襲、重復祝禱之義。

〔關鍵詞〕　楚簡　安大簡《詩經》　"罷禱"　"甪禱"　"習禱"

戰國楚系古文中,有個寫作上從"羽"、下從"能"的"罷"字,在楚系文字材料尤其是楚簡中非常多見,而未見於戰國文字的其他系別。①此字最早出現在戰國楚系的鄂君啓節中,辭例作"歲罷返"(《殷周金文集成》12110)。過去有不少學者對此字進行考證,提出過多種釋讀意見,現在看來都不可信。後來,望山楚簡和包山楚簡的卜筮祭禱簡中也出現了此字,辭例作"罷禱",但由於卜筮祭禱簡的辭例限制性不強,學界對此字的

---

* 本文爲"古文字與中華文明傳承發展工程"規劃項目"出土簡帛典籍摹釋譯解"(G1422)的階段性成果。

①　黃德寬主編,徐在國、程燕、張振謙編著:《戰國文字字形表》,上海:上海古籍出版社,2017年,第497—498頁。

釋讀依然没有進展。直至郭店楚簡出土，由於其具有相對明確的辭例，且可以和傳世典籍對讀，如簡本《五行》第 16 簡"淑人君子,其義罷也"，即傳世本《詩·曹風·鳲鳩》的"淑人君子,其儀一兮"，學界才知道此字可讀爲"一"。但此字構形如何分析,爲何可以讀爲"一(壹)"，楚簡的"罷禱"如何訓釋,學界仍然頗多爭議。① 如劉雲先生認爲：此字與甲骨文中的"▨"(摹本▨)爲一字,應釋爲"鷸",就是鸕鷀。② 根據學界目前對古文字構形系統的認識——戰國文字形體無論如何詭異奇特,都是具有早期字形源頭的;同時,早期古文字象形字多見(甲骨文中之字顯然是一個整體象形字),此説還是很有道理的。而後來戰國文字的字形之所以可以析出聲符,大概屬於變形音化現象。不過,《爾雅·釋鳥》"鷀,鷸"，郭璞注云："即鸕鷀也。觜頭曲如鉤,食魚。"③可見,雖然嘴長是鸕鷀(鷸)較爲顯著的特徵,然其上嘴末端稍曲如鉤,狀如老鷹之嘴,在古人心目中應該也屬於比較明顯的特徵,而該特徵在甲骨文字形中未能體現出來,故此説似乎仍有待進一步驗證。

又如,孟蓬生先生認爲此字當即"翳"字之異構。《説文·羽部》："翳,華蓋也。从羽,殹聲。"《詩·大雅·皇矣》："其菑其翳。"《釋文》："韓詩作殪。"《釋名·釋喪制》："殪,翳也,就隱翳也。"④

如果此字確實來源於甲骨文中的"▨"字,原始字形是一種鳥的整體

---

① 曾憲通、陳偉武主編：《出土戰國文獻字詞集釋》卷四，北京：中華書局，2018年，第 1949—1962 頁。

② 劉雲：《釋"鷸"及相關諸字》，復旦大學出土文獻與古文字研究中心網，2010 年 5 月 12 日，http://www.fdgwz.org.cn/Web/Show/1147。

③ 《十三經注疏》整理委員會整理：《爾雅注疏》，北京：北京大學出版社，2000年，第 350 頁。

④ 孟蓬生：《"咸"字音釋——侵脂通轉例説之二》，《出土文獻與古文字研究》第六輯，上海：上海古籍出版社，2015 年，第 735 頁。

象形,結合以上兩說,我們認爲此字或可釋爲"鷖"。《說文》:"鷖,鳧屬。從鳥、殹聲。《詩》曰:'鳧鷖在梁。'"段玉裁注云:"《大雅·鳧鷖》傳曰:'鳧,水鳥也。鷖,鳧屬也。'按此謂鳧屬,非謂舒鳧屬也。《周禮》'王后之五路:安車,彫面鷖總',故書鷖或爲繄,鄭司農云:'繄讀爲鳧鷖之鷖。鷖總者,青黑色,以繒爲之。'按於此知此鳥青黑色也。陸、孔皆引《倉頡解詁》曰:'鷖,鷗也,一名水鴞。'許云'鷗,水鴞',而不云'鷖,鷗也',則許不謂一物也。鳧屬者,似鳧而別,其《釋鳥》之'鸍,沈鳧'乎?"據此,可知"鷖"是一種青黑色的水鳥。"鷖"與"翳"在古代典籍中常通用。如屈原《離騷》"駟玉虬以乘鷖兮",洪興祖補注:"鷖,一作翳。"又如西漢司馬相如《上林賦》"拂鷖鳥,捎鳳皇"之"鷖",《史記·司馬相如列傳》作"鷖",②而《漢書·司馬相如傳》作"翳"。③ 在《離騷》和《上林賦》中,"鷖"與"虬(龍)""鳳皇(凰)"並舉,則在古人心目中,"鷖"應該不是上文所謂的那種青黑色的水鳥,而當是一種類似鳳凰、具有神異色彩的大鳥。《離騷》"駟玉虬以乘鷖兮",王逸注:"鷖,鳳皇別名也。"洪興祖補注:"《山海經》云:'九疑山有五采之鳥,飛蔽一鄉。五采之鳥,鷖鳥也。'又云:'蛇山有鳥,五色,飛蔽日,名鷖鳥。'"朱季海先生《楚辭解故》云:"洪引《山海經》,今略見《海內經》:'南方蒼梧之丘,蒼梧之淵,其中有九嶷山,舜之所葬,在長沙、零陵界中。北海之內,有蛇山者,蛇水出焉,東入于海,有五彩之鳥,飛蔽一鄉(郭《注》:漢宣帝元康元年,五色鳥以萬數,過蜀都,即此鳥也),名曰翳鳥。'(郭《注》:'鳳屬也,《離騷》曰:駟玉虬而乘翳。')而詞有繁省,語或參差,於九疑既不云'有五彩之鳥,飛蔽一鄉'(今錯在蛇山

---

① 崔富章、李大明主編:《楚辭集校集釋》,武漢:湖北教育出版社,2003年,第401頁。

② (漢)司馬遷撰,(南朝宋)裴駰集解,(唐)司馬貞索隱,(唐)張守節正義:《史記》,北京:中華書局,2013年,第3657頁。

③ (漢)班固撰:《漢書》,北京:中華書局,1962年,第2567頁。

下),於蛇山之鳥,又不云'飛蔽日',是慶善所見《經》本,視今已多出入也。……據洪引《經》本,或云'飛蔽一鄉',或云'飛蔽日',此正鷖鳥之所以得名。"趙逵夫先生認爲:"鷖(yí),一種身五彩而群飛的鳥,飛起時遮天蔽日,故曰'鷖',也作'翳'。這句是説成群的鷖鳥作爲車把詩人托起,前面四匹白色的龍馬作爲前導,在協調方向。……那麽,鷖鳥的'飛蔽一鄉'或'飛蔽日'不是説它大,而是説它成群而飛。這樣看來,《離騷》中説的'乘鷖'(字本作翳)不是乘一隻鷖,而是説由一群五彩的鷖鳥擁載着詩人升上天空,詩人就象乘着車一樣。這群鷖鳥的前面有四條白色的虬,象拉車的馬一樣,決定着鷖車前進的方向與速度。鷖鳥很多,要飛得集中一致,自然得有前導。玉虬的作用在于此。這一系列的想象既奇特得出人意外,又體現了生活的真實而顯得合情合理:因爲鷖鳥很多,有在下面負載的,有在後面及左右兩面擁持,甚至在上面象車頂一樣覆蓋的,才象車的樣子。如果祇乘一隻鷖,同仙人乘鶴一樣,不象車子,前面那四條玉虬也就完全成了多餘。"①可見學界基本公認,"鷖"鳥之得名來源於此種鳥成群飛起時具有翳蔽、遮天蔽日的特徵。《説文》:"翳,華蓋也。"段玉裁注:"翳之言蔽也,引伸爲凡蔽之偁,在上在旁皆曰翳。""鷖"與"翳"的語源一致,都含有翳蔽、遮蔽之義。如此,甲骨文中的"![]"字形,作爲"鷖"鳥的象形,特別突出其背部兩隻展開的翅膀,大概就是爲了表現其翳蔽、遮蔽之義。作爲"鷖"的象形初文,從"医"得聲,在戰國文字中讀爲"一(壹)",從語音角度來看也是比較自然的。到戰國時期,此字上下割裂開來寫成"罷"字形,學界一般認爲字上下皆是聲符。若是可信,則此種字形演變過程大概含有變形音化的因素。

此外,如石小力先生根據清華簡等新材料,認爲此字是羽翼之"翼"

---

① 崔富章、李大明主編:《楚辭集校集釋》,第 404、406—407、410—411 頁。

的異體,其所從的"能"形是由甲骨文"翼"的象形初文演變而來的;此字從羽、翼聲,是爲羽翼之"翼"所造的形聲字;象形的"翼"演變爲"能"形,既有變形聲化的現象,也有類化的作用;"一""翼"皆和緝部關係密切,聲紐皆爲喉音,音近可通。① 可見,此字在楚系古文字材料中常用作"一(壹)",學界已經達成共識,但其構形如何分析,爲何可以讀爲"一(壹)",楚簡的"罷禱"如何訓釋等問題,至今仍然未能取得一致意見。

楚系卜筮祭禱簡中有"罷禱"一詞,早期見於包山楚簡和望山楚簡等,辭例如下:

罷禱於卲(昭)王戠(特)牛,饋之;罷禱文坪夜君、郚公子萅(春)、司馬子音、蔡(蔡)公子豪(家)各戠(特)豢、酉(酒)飤(食);罷禱於夫人戠(特)猎。志事速得,皆速賽之

(包山簡 200)

罷禱先君東邱公戠(特)牛　　　　　(望山簡一 112)

罷禱王孫臬豻(冢)豕　　　　　　　(望山簡一 119)②

此外,新蔡葛陵楚簡中又有"弌禱"一詞,如:

……君、地主、禘君子,已未之日弌禱昭[王]……

(新蔡葛陵楚簡乙四 82)

……酉之日,弌禱太、北方□……

(新蔡葛陵楚簡乙四 148)

晏昌貴先生指出,簡文"弌禱"就是"罷禱"。③"弌"即古文"一"字。根據已有的研究,此説顯然是可信的。

新蔡葛陵楚簡中又有所謂"兄禱"一詞(新蔡簡乙四 128、乙四 139、

---

① 石小力:《說戰國楚文字中用爲"一"的"翼"字》,《中國語文》2022 年第 1 期,第 106—113 頁。
② 劉信芳:《楚系簡帛釋例》,合肥:安徽大學出版社,2011 年,第 258 頁。
③ 晏昌貴:《天星觀"卜筮祭禱"簡釋文輯校》,丁四新主編:《楚地簡帛思想研究(二)》,武漢:湖北教育出版社,2005 年,第 285 頁。

乙四145、零127），所謂的"兄"或從"示"旁寫作"祝"（新蔡簡零243、零533），范常喜先生認爲所謂的"兄""祝"二字實當釋作"昌"和"裭"，這種祭禱方式可能即楚祭禱簡中常見的"罷禱"。① 古文字中的"昌"字，有不少學者討論過。如徐在國先生認爲楚文字中此類寫法的"昌"字即"揖"之初文，其來源可追溯到甲骨文、銅器銘文。② 趙平安先生認爲，"昌"應分析爲從"口"從"揖"，"揖"亦聲，用一邊作揖一邊説話寒暄的形象來表示"聶語"的意思。昌系同源字族所表示的"和悦"（輯、㪏）、"光明"（緝）、"安定"（輯）、"成"（輯）等意思都可以看作"聶語"的引申或再引申。"揖"字所從聲符中的所謂"耳"實際上是"揖"字中的子聲符，也是"揖"的初文。③ 根據這些相關的研究成果，可見將新蔡楚簡中所謂"兄禱""祝禱"改釋爲"昌禱""裭禱"，並將其與楚簡中的"罷禱""弌禱"繫聯起來視爲同一個詞語的看法應當是可信的。

安大簡《詩經·螽斯》篇中，第十簡有個"遝"字，對應今傳本《毛詩》的"揖"字，原整理者注釋説：

> 遝₌可：《毛詩》作"揖揖兮"。"遝"字不見於後世字書，从"辵"，"習"聲。典籍"輯""習"二字相通（參《古字通假會典》第七〇一頁），簡本"遝遝"當從《毛詩》讀爲"揖揖"。毛傳："會聚也。"④

安大簡《詩經》的用字現象，再次證明了"習"聲字和"昌"聲字古音近

---

① 范常喜：《新蔡楚簡"昌禱"即"罷禱"説》，簡帛網，2006年10月17日，http://www.bsm.org.cn/? chujian/4655.html。
② 徐在國：《説"昌"及其相關字》，簡帛研究網，2005年3月4日；又載《中國文字學報》第十二輯，北京：商務印書館，第88—91頁。
③ 趙平安：《從"昌"字的釋讀談到甲骨文的"巴方"》，《文獻》2019年第5期，第62—75頁。
④ 安徽大學漢字發展與應用研究中心編，黄德寬、徐在國主編：《安徽大學藏戰國竹簡（一）》，上海：中西書局，2019年，第78頁。

可通。由此出發，反觀以前諸位學者對"罷"字構形的各種分析意見，可見其中將"罷"字上部所從的"羽"形視爲聲符"彗"的看法最有理據。李天虹先生認爲，該字很可能從能、彗聲，以"彗"爲聲符；彗、一均爲質部字，彗屬匣母，一屬影母，音極相近，可以通轉。郭店簡《成之聞之》一八號簡"福（富）而貧賤，則民谷（欲）其福（富）之大也；貴而罷纆，則民谷（欲）其貴之上也"中的"罷"字，李天虹先生認爲可讀作"揖"，揖爲影母緝部字，與彗、一聲亦相近，"揖讓"典籍常見。同時，李天虹先生認爲原整理報告中裘錫圭先生"富而分賤""貴而能讓"的釋讀意見似乎更爲順暢，並引《六德》篇中"能與之齊"一句在《禮記·郊特牲》作"壹與之齊"，"能"與"壹"正相對應，推測説："由此來看，筆者對'罷'字的解釋也不盡可靠。也許筆者認爲這個字從彗聲是錯誤的，古音能、一本可通轉。或者這個字有兩個讀音：其一以彗爲聲，可讀作一，《六德》篇中的'能'是書手抄脱了彗旁；其二以能爲聲。這個問題的解決還有待於進一步研究。"①

現在看來，如果新蔡楚簡"聑禱"（"褐禱"）與楚簡中的"罷禱"（"弍禱"）確實是同一個詞語，結合安大簡《詩經·螽斯》篇中從"習"得聲的"遛"對應今傳本"揖"的用字現象，李天虹先生將"罷"字上部所從的所謂"羽"視爲聲符"彗"的看法最具合理性，將此字讀爲"揖"的意見也是很有道理的。李天虹先生之文已經舉出甲骨文和曾侯乙簡中象掃帚之形的"彗"字爲例，很有説服力。甲骨文中的"彗"字寫作"丰丰"（《合集》28197）、"丰丰"（《屯》3797）、"丰丰"（《合集》34038）等形，②與楚簡中"罷"字上部所謂"羽"字形（如郭店楚簡《五行》16"罷"上部所從）相比較，二者的寫法幾乎

---

① 李天虹：《郭店楚簡文字雜釋》，武漢大學中國文化研究院編：《郭店楚簡國際學術研討會論文集》，武漢：湖北人民出版社，2000年，第94—95頁。
② 劉釗主編：《新甲骨文編》（增訂本），福州：福建人民出版社，2014年，第173、174頁。

完全一致,很有可能是一脈相承的。

可爲補充的是,甲骨文中的"習"字,也是從"彗"得聲的。唐蘭先生認爲:甲骨文"習"字既不從白,亦不從"羽",下部當是從日。以聲類求之,"習"字當從日、彗聲,彗聲古音在緝部。古緝部字每變入脂部,金文"即立""才朕立"之"立",今作"位",是其證,則"習"可從"彗"聲也。《説文》"彗"之古文作"篲",從竹、從習,今按當作從竹、習聲,然則"彗"之古本音若"習","習"從"彗"聲,可無疑焉。"習"既從日、彗聲,則《説文》"鳥數飛也",非其本義也。《漢書·賈誼傳》云:"日中必熭。"《説文》:"熭,暴乾也。"按暴曬者,日之事,作熭者,特假借字耳。疑"習"之本訓當爲"暴乾"矣。① 據甲骨文"習"字寫作"𦏲"(《合集》31670)、"𦏲"(《合集》31669)、"𦏲"(《懷》1393)等形,② 上部從類似"羽"形的"彗",下部顯然從"日",再驗證以上古音,可見唐蘭先生之說應當是可信的。《説文新證》對"習"字形的分析也認同唐蘭先生之說。③ 現在綜合以上材料來看,戰國文字中"習"聲字和"昱"聲字相通,"昱"聲字又與"羆"字相通,李天虹先生將"羆"字上部所從的"羽"形視爲聲符"彗",恰好可以和唐蘭先生"習"從"彗"得聲之説互證。

以上我們對"羆"字的構形以及李天虹先生將其上部所從視爲聲符"彗"的看法做了一些補充論證。下面我們再來討論一下楚系卜筮祭禱簡中"羆禱"(詞形或作"弍禱""昱禱""禩禱")的含義。

楚系卜筮祭禱簡中"羆禱"之"羆",有不少學者提出過釋讀意見,或讀爲"嗣",或釋爲"罷",或讀爲"仍"。④ 宋華強先生懷疑此字從"能"聲,

---

① 唐蘭:《殷虚文字記》,上海:上海古籍出版社,2016 年,第 33—34 頁。
② 劉釗主編:《新甲骨文編》(增訂本),第 233 頁。
③ 季旭昇:《説文新證》,臺北:藝文印書館,2014 年,第 280 頁。
④ 曾憲通、陳偉武主編:《出土戰國文獻字詞集釋》卷四,北京:中華書局,2018 年,第 1960—1962 頁。

當讀爲"烝";"能"是泥母之部字,"烝"是章母蒸部字,聲母都是舌音,韻部有嚴格的陰陽對轉關係,讀音相近;楚簡中的"罷禱"和"弋禱"都應讀爲"烝禱"("祭""禱"混言無别),從而和文獻中所記載的"烝祭"聯繫起來。① 這些説法,有的似有可商,有的並未獲得公認,故這個詞語仍有進一步研究的必要。

根據以上討論,我們推測楚系卜筮祭禱簡中的"罷禱"("弋禱""䎽禱""裭禱")或可有兩種訓解思路。

第一種,讀爲"揖禱",作揖禱告之義。"揖禱"一詞,見於後世文獻。如明人凌迪知《萬姓統譜》卷九十三(去聲·四寘·智)"智揖"條,有"越二載,值夏大旱,揖禱于藏山"句;② 清人吴省欽《白華前稿》卷四十九《逾白龍洞投宿萬年寺》一詩,有"揖禱致恭敬"句;③ 又如清人趙秉恒《祁州續志》卷四(藝文志·詩)録有萬經《龍河防汛》一詩,詩前序言有"因信口賦長歌以揖禱之"句。④ 這些雖是後世文獻,似亦可參考。不過,作爲戰國楚簡中一個和疾病祭禱儀式有關的詞彙,面對的祈禱對象是祖先或神靈,若是讀爲"揖禱",即在祖先或神靈面前僅是作揖祈禱,而非跪拜,是否會有祭禱禮儀太過草率輕淺之嫌呢? 這未免讓人生疑。然參照《尚書·金縢》篇中周武王有疾,周公作策書告神(告大王、王季、文王),在祭禱之時,"周公立焉,植璧秉珪",知周公也是站立而非跪拜。可見,若讀爲"揖禱",理解爲作揖禱告,從這個角度來説還是可以講通的。古人在祭禱之時,手中大概需要秉持一些犧牲祭品並配合一定的祝禱動作,故

---

① 宋華强:《楚簡"罷禱"新釋》,簡帛網,2006年9月3日,http://www.bsm.org.cn/? chujian/4627.html。
② (明)凌迪知:《萬姓統譜》卷九十三(去聲·四寘·智),《文淵閣四庫全書》本,第七葉。
③ (清)吴省欽:《白華前稿》卷四十九,清乾隆刻本,第六葉。
④ (清)趙秉恒:《祁州續志》卷四(藝文志·詩),成文影光緒元年刻本,第二十葉。

祇是作揖禱告而不加跪拜吧。不過,新蔡楚簡中有"……君、文夫人,昇其大牢,百……"(乙四128)、"……霝(靈)君子昇其戠(特)牛之禱"(乙四145)的辭例,①若是將"昇"讀爲"揖","揖……之禱"似乎不辭,故此說恐不可信。

  第二種,讀爲"習禱",因襲、重復祝禱之義。"習"古通"襲",②有相因、因襲、重復之義。③"習禱"即因襲、重復祝禱,或者不止一次地反復祝禱。陳偉武先生曾經討論過楚簡中"罷禱"之義,認爲楚簡中三種禱名"舉禱、罷禱、賽禱"當是一套互有聯繫且有着時間先後順序的禱祠術語;三個禱名中,僅"賽禱"見於傳世文獻,指報答神福,理應位居最後;"舉"這個詞所表示的行爲(包括祭祀),往往含有起始的因素,故"舉禱"之"舉"當釋爲"始";"罷禱"應在"舉禱"之後、"賽禱"之前。包山簡202、203、204簡和望山一號墓119簡,兩例同是先言"舉禱",後言"罷禱","舉禱"義爲初始祭神求福,"罷禱"正是因仍而祭禱之義,兩者的關係,頗似"初卜"與"習卜"的關係。"罷"爲"能"字異體,在鄂君啓節用如"乃",頗疑可讀作從"乃"得聲的"仍"字,訓爲因仍、連續。"罷"讀爲"仍",古書亦作"礽",因此,"罷禱"即連續而禱。④ 雖然此說將"罷"讀作"仍"不一定可信,但訓爲因仍、連續,以及對簡文文義整體上的理解,還是很有參考價值。不過,我們認爲"罷禱"訓釋爲"連續而禱"可能還是不大準確。若是據上文將"罷禱"讀爲"習禱",訓釋爲因襲、重復祝禱,這個詞語的確切

---

  ① 賈連敏:《新蔡葛陵楚墓出土竹簡釋文》,河南省文物考古研究所編著:《新蔡葛陵楚墓》,鄭州:大象出版社,2003年,第208、209頁。
  ② 高亨纂著,董治安整理:《古字通假會典》,濟南:齊魯書社,1989年,第707頁。
  ③ 宗福邦、陳世鐃、蕭海波主編:《故訓匯纂》,北京:商務印書館,2003年,第1813頁。
  ④ 陳偉武:《戰國楚簡考釋斠議》,張光裕等編:《第三屆國際中國古文字學研討會論文集》,1997年,香港:香港中文大學,第653—657頁;又見於曾憲通、陳偉武主編:《出土戰國文獻字詞集釋》卷四,第1960—1962頁。

含義更有可能是指在某個祭禱周期内,病者之前已經祭禱過此類祖先或神靈,故此次祭禱時再一次重復對其進行祭禱。可爲佐證者,如包山楚簡中,"罷禱"的對象包括"昭王""文坪夜君、郚公子春、司馬子音、蔡公子家""夫人""先君東郚公""王孫槀"等,多是墓主人的直系高曾祖及父母等去世的先人。大概是由於對這些祖先平時就有四時常祭的祭禱,在生病之後又對這些鬼神重復祭禱,故稱爲"習禱"吧。

兩種訓解思路相互比較,雖然第一種讀爲"揖禱"訓釋爲"作揖禱告"之説有後世文獻辭例可以對比,但新蔡楚簡"揖……之禱"的辭例提供了反證,無法讀通簡文;且楚簡中另有"舉禱""賽禱",想來也需要作揖,故將"罷禱"讀爲"揖禱",理解成"罷禱"時特有的祭禱儀式,情理上似乎也講不通。因此,我們比較傾向於第二種説法,也就是將"罷禱"讀爲"習禱",訓釋爲因襲、重復祝禱。同時,新蔡楚簡"聶(習)其戠(特)牛之禱"(乙四145),意即重復前面以特牛作爲犧牲的那次祭禱,也就是說祭禱者此次所爲的事由(如祈求疾病痊癒等)和前面那次一樣,祝告祈禱之辭應該也差不多,這樣理解還是可以講通簡文的。當然,由於先秦時期的禱祠術語大都未能流傳下來,此説目前來看也僅是一種推測,是否可以成立,尚待進一步驗證。

【補記】

此稿原本是提交 2022 年 11 月 19 日—20 日"戰國文字研究青年學者論壇"的會議論文。原稿根據新蔡楚簡所見的辭例,認爲如果將"聶"讀爲"揖","揖……之禱"似乎不辭。此文投稿到《戰國文字研究》後,編輯老師在編校時指出,李家浩先生有《古文字"聶"補釋——兼釋楚墓卜筮禱祠簡中"罷禱""厭禱""就禱"》一文(《戰國文字研究》第七輯,合肥:安徽大學出版社,2023 年,第 76—90 頁),李先生認爲新蔡葛陵村楚墓卜筮禱祠簡文中"聶禱"之"聶",是祭禱時的一種儀式;"聶禱"之"聶"和"罷禱"之"罷",分别指"挩""擅"這兩種禮儀;在新蔡葛陵村楚墓卜筮禱祠簡文中,"茸禱"之"茸"用的正是其本義。讀者可以參看。根據李先生之說,我們原稿中對簡文的理解可能是有問題的。

2023 年 12 月 7 日

(侯乃峰:山東大學文學院語言科學實驗中心,250100,濟南)

安大簡《詩經》所見"舀""滔"義解
——兼談《論語》一處異文來源

梁 鶴

〔摘 要〕 根據目前所見楚簡用字習慣,安大簡《詩經》中的"舀"字可讀爲"慆",訓爲"憂",表"憂思"。《説文·水部》:"滔,水漫漫大貌。""滔"本就可引申表悠遠或者廣闊義,《鴇羽》篇"滔"可讀如字。《論語》"滔滔(悠悠)者天下"異文來源應非何晏據《魯論》妄改,或與其底本來源不同有關。

〔關鍵詞〕 安大簡《詩經》 滔滔 悠悠

一、安大簡《詩經》"舀""滔"通"悠"説

安大簡《詩經》①爲我們提供了目前所見最早的《詩經》版本,它與傳

---

* 本文系國家社會科學基金青年項目"出土先秦秦漢文獻所見貨幣史料整理與研究"(22CZS004)的階段性成果。

① 2015年初,安徽大學入藏了一批竹簡,内容包括《詩經》、楚國歷史、孔子語録等諸子類著作及楚辭和其他方面的作品,多不見於傳世文獻。(黄德寬:《安徽大學藏戰國竹簡概述》,《文物》2017年第9期)簡本《詩經》編號"百一七",涉及六國國風,有《周南》十篇、《召南》十四篇、《秦》十篇、《侯》六篇、《鄘》七篇、《魏》(《唐》)十篇。(黄德寬、徐在國主編:《安徽大學藏戰國竹簡(一)》,上海:中西書局,2019年)文中簡稱"簡本"。

世毛詩本的異文引起了研究者的廣泛關注。① 我們注意到簡本的幾處"舀""滔"字與傳世本毛詩的"悠"字相對應,字例如下:

  1. 簡本:舀₌才₌,遱俥反戾。(《關雎》)

   毛詩:悠哉悠哉,輾轉反側。

  2. 簡本:我遺咎氏,舀₌我思。(《渭陽》)

   毛詩:我送舅氏,悠悠我思。

  3. 簡本:滔₌倉天,壴佳又所?……滔₌倉天,壴佳又棠?

   ……滔₌倉天,[壴]佳又互?(《鴇羽》)

   毛詩:悠悠蒼天,曷其有所?……悠悠蒼天,曷其有常?

   ……悠悠蒼天,曷其有極?

關於"舀"與"悠"字的關係,整理者言:"上古音'舀'屬喻紐宵部。'悠'屬喻紐幽部。二字聲紐相同,韻部相近,可以通用。《毛詩·秦風·渭陽》'悠悠我思',簡本'悠悠'作'舀舀',即其例。毛傳:'悠,思也。'"② 從通假原理看,二字上古音聲紐相同,韻部通轉,音近可通。但是,從楚簡的"舀"字用例看却有所不同。

  "舀"字還見於郭店簡、香港簡③、清華簡。郭店簡《性自命出》"舀"字,學者多讀爲"慆"或"陶"。④ 香港簡"舀"字,陳松長先生讀爲"慆"。⑤

---

① 整理者爲簡本《詩經》與傳世本毛詩做了專門的"韻讀對讀表"(黃德寬、徐在國主編:《安徽大學藏戰國竹簡(一)》,第153—190頁),"異文"一目了之。研究者的文章也散見於《文物》《安徽大學學報》《中原文化研究》《漢字漢語研究》、簡帛網、復旦大學出土文獻與古文字研究中心網等刊物和網站中。

② 黃德寬、徐在國主編:《安徽大學藏戰國竹簡(一)》,第71頁。

③ 香港簡指香港中文大學文物館收購入藏的簡牘,其中有10枚戰國楚簡。其著錄見陳松長:《香港中文大學文物館藏簡牘》,香港:香港中文大學文物館,2001年。

④ 參看白於藍:《簡帛古書通假字大系》,福州:福建人民出版社,2017年,第153頁。

⑤ 陳松長:《香港中文大學文物館藏簡牘》,第15頁。

清華簡七《越公其事》中"舀"讀爲"挑"。① 傳世典籍中"舀"可與"揄"通。②安大簡整理者徑言"舀"字通"悠",和目前所見楚簡用字習慣不合。

"滔""悠"通假是毫無疑問的,兩字上古音聲韻皆同,早在清代,學者就已經指出二字相通。③ 雖然"滔"字從"舀"得聲,但是從"滔"字字義出發,也不宜與"悠"字簡單趨同。

二、安大簡《詩經》"舀""滔"字義解

毛詩本《關雎》"悠哉悠哉",注曰:"悠,思也。"《渭陽》"悠悠我思",鄭玄未作注,但是《終風》"莫往莫來,悠悠我思",《箋》云:"悠悠然思如字。"姚道林先生在其博士論文中曾設專題對《關雎》的"悠"字進行辨析,指出《毛傳》所訓之"思"或可解釋爲"憂思",而不是指"思念",並引清代王先謙《詩三家義集疏》相關論述,指出簡本"舀"讀爲"陶",訓爲"憂思"。④ 我們與姚先生的想法不謀而合,祇是我們傾向於簡文"舀"直接讀爲"慆"。

在郭店楚簡《性自命出》和上博簡《性情論》中,"舀"和"慆"兩字爲異文。其原文如下:

樂之動心也,濬深鬱舀,其烈則流如也以悲,攸然以思。

(郭店《性自命出》簡 30—31)

樂之動心也,濬深鬱慆,其烈則流如也以悲,攸然以思。

(上博一《性情論》簡 19)

---

① 清華大學出土文獻研究與保護中心編,李學勤主編:《清華大學藏戰國竹簡(柒)》,上海:中西書局,2017 年,第 145 頁。
② 高亨纂著、董治安整理:《古字通假會典》,濟南:齊魯書社,1989 年,第 330 頁。
③ (清)陳玉樹:《毛詩異文箋》,劉曉東、杜澤遜編:《清經解三編》,濟南:齊魯書社,2016 年。(清)胡承珙:《毛詩後箋》,合肥:黃山書社,1999 年。
④ 姚道林:《出土文獻與〈毛傳〉訓詁研究》,安徽大學博士學位論文,2020 年,第 111—113 頁。

郭店楚簡《性自命出》和上博簡《性情論》是很少見的能够對讀的出土文獻，它們論述"性"與"情"的形成和演化，强調外界因素對人之性情的改變和影響，指出"樂"在禮樂教化中的重要作用，部分内容見於《禮記·樂記》《禮記·檀弓》等典籍。① 郭店簡"鬱舀"，上博簡作"鬱慆"。"慆"從"舀"得聲，二者音近，且有文例可證，二字相通。"舀"字還見於《性自命出》簡24"聞歌謠，則舀如也，斯奮"，簡43－44"目之好色，耳之樂聲，鬱舀之氣也，人不難爲之死"；"慆"字亦見於《性自命出》簡34"喜斯慆，慆斯奮"。由於傳世典籍中相關的"舀""慆"都作"陶"，如《禮記·檀弓下》："人喜則斯陶，陶斯詠唱。"《尚書·五子之歌》："鬱陶乎予心，顔厚有忸怩。"所以，學者多將郭店、上博簡中的"舀""慆"讀爲"陶"，訓爲喜悦。②

《説文·心部》："慆，説也。"楚簡諸家訓"慆"爲喜悦，與《説文》之意相吻合。《説文》："悠，憂也。"《説文》解釋下的"悠"和"慆"義是相反的。簡本《詩經》的"舀"如果從楚簡常例通作"慆"，那麽應是與流傳的毛本詩意相違的。結合簡本文意，"舀（慆）"字都是用來形容"思"的，而與郭店簡、上博簡有别。但是典籍中的"鬱陶"一詞多用來表示"思"。《方言》："鬱悠、懷、惄、惟、慮、願、念、靖、慎，思也。晉宋衛魯之間謂之鬱悠。"注曰"鬱悠，猶鬱陶也。"但是，"鬱陶"之思又分兩種，一是憂思，《尚書·五子之歌》"鬱陶乎予心，顔厚有忸怩"，孔傳："鬱陶，言哀思也。"陸德明《釋文》："鬱陶，憂思也。"《楚辭·九辯》曰："豈不鬱陶而思君兮，君之門以九重。"二是喜而未暢，《禮記·檀弓下》"人喜則思陶"，鄭玄注："陶，鬱陶

---

① 劉釗：《郭店楚簡校釋》，福州：福建人民出版社，2005年，第88頁。
② 龐樸：《初讀郭店楚簡》，《歷史研究》1998年第4期，第9頁。彭林：《〈郭店簡·性自命出〉補釋》，《中國哲學》第二十輯，瀋陽：遼寧教育出版社，1999年，第318頁。李零：《郭店楚簡校讀記》，《道家文化研究》第十七輯，北京：生活·讀書·新知三聯書店，1999年，第509頁。周鳳五：《郭店楚簡識字札記》，《張以仁先生七秩壽慶論文集》，臺北：學生書局，1999年，第361頁。

也。"孔穎達疏:"鬱陶者,心初悦而未暢之意也。"憂思或者喜思,這看似矛盾的存在,王念孫稱之爲"一字兩訓",即:

> 《爾雅》云:"鬱陶、繇,喜也。"又云:"繇,憂也。"則"繇"字即有憂、喜二義。鬱陶,亦猶是也。是故喜意未暢謂之鬱陶,《檀弓》正義引何氏《隱義》云"鬱陶,懷喜未暢意",是也;憂思憤盈亦謂之鬱陶,《孟子》《楚辭》《史記》所云,是也;暑氣蘊隆亦謂之鬱陶,摯虞《思游賦》云"戚淯暑之陶鬱兮,余安能乎留斯",夏侯湛《大暑賦》云"何太陽之嚇曦,乃鬱陶以興熱",是也。事雖不同,而同爲鬱積之義,故命名亦同。①

《説文·林部》:"鬱,木叢生者。"典籍中的"鬱"多訓爲"積也""茂盛貌"等。根據"鬱"字本身的意義,"鬱陶"之思義應該取自"陶"。《廣雅·釋言》同時存在"陶,喜也""陶,憂也"兩種意見,應該也是有所本的。而文獻中的"鬱陶"在楚簡中作"鬱㥑",其應該有兩種解釋:一是"㥑"通"陶";二是"鬱陶"本作"鬱㥑",典籍"鬱陶"的"陶"是在傳抄過程中替用的通假字。如是,則"㥑"或如"陶"本有兩義:一表"喜";一表"憂"。這也與劉釗先生在《郭店楚簡校釋》中所言"'鬱陶'一詞爲'鬱積'之意,既可訓爲'憂思',也可訓爲'喜樂'"②相合。而"㥑"之"憂"對應簡文"湝深鬱㥑,其烈則流如也以悲",而"㥑"之"説(喜)"對應簡文"喜斯㥑,㥑斯奮"。如是,安大簡《詩經》篇中的兩個"㥑"字,讀爲"㥑",訓爲"憂",都可以解釋通了,也與傳世注疏之説相去不遠。

而對於簡本《鴇羽》篇"滔滔蒼天"中的"滔滔"一詞,毛詩本作"悠悠",訓爲"遠意"。《鴇羽》"悠悠蒼天",鄭玄未作注,但是《黍離》"悠悠蒼天,此何人哉",鄭注曰:"悠悠,遠意。"《説文·水部》:"滔,水漫漫大貌。""滔"可引申爲遠、大義,且有文獻爲證。由於"滔滔"本來就可以表示遠

---

① (清)王念孫:《廣雅疏證》,北京:中華書局,2019年,第158—159頁。
② 劉釗:《郭店楚簡校釋》,第98頁。

或者廣闊義,不通假作"悠悠",應該也是可以講通的。

安大簡文字是典型的楚文字,我們認爲"滔滔"例的《詩經》可看作是楚本《詩經》。通過安大簡《詩經》所提供的"滔滔我思""滔滔蒼天"來看毛詩,則《載驅》"汶水滔滔"、《四月》"滔滔江漢"都是使用了"滔"字本義,清華六《子儀》簡6"渭可(兮)滔=(滔滔)",與此相同。毛本"悠悠我思"(《終風》《雄雉》等)、"我心悠悠"(《泉水》)、"悠悠我心"(《子衿》)、"悠悠我里"(《十月之交》)用例與簡本"舀舀"用例可通用;《黍離》篇"悠悠蒼天"、《巧言》篇"悠悠昊天"用例與簡本"滔滔"用例可通用。傳世本《詩經》中"悠悠"例遠多於"滔滔"例,應該是與《詩經》在傳抄過程中的改變有關。秦漢起,"悠"字行,①並被大量使用,而"滔"後多用其本義。

三、《論語》"滔滔(悠悠)者天下"異文來源辨析

《論語·微子》篇記載:

  長沮、桀溺耦而耕。孔子過之,使子路問津焉……問於桀溺。桀溺曰:"子爲誰?"曰:"爲仲由。"曰:"是魯孔丘之徒與?"對曰:"然。"曰:"滔滔者天下皆是也,而誰以易之?且而與其從辟人之士也,豈若從辟世之士哉?"耰而不輟。

同樣的問津之事還見於《史記·孔子世家》:

  長沮、桀溺耦而耕。孔子以爲隱者,使子路問津焉……桀溺曰:"子爲誰?"曰:"爲仲由。"曰:"子,孔丘之徒與?"對曰:

---

① 目前所出先秦出土文獻中未見"悠"字。《説文》:"悠,憂也。从心攸聲。"按照漢字發展的一般規律,"悠"應是後起字,其本字當是"攸",加"心"旁表意。而"攸"字在商代甲骨文中已經出現,西周金文到戰國文字中都有存在,張亞初先生《商周古文字源流疏證》(北京:中華書局,2014年,第1804—1809頁)對其作了詳細的梳理。結合新出金文材料來看,"攸"字的分化最晚在戰國時期已經發生,"悠"字的出現應該要到秦漢時期。

"然。"桀溺曰:"悠悠者天下皆是也,而誰以易之?且與其從辟人之士也,豈若從辟世之士哉?"耰而不輟。

關於桀溺的話,兩處所記有別,歷來注家多有提及。唐陸德明《經典釋文》言:"滔滔,鄭本作'悠悠'。"至清代考據學盛,阮元、翟灝、洪頤煊、胡克家、陳鱣、劉寶楠、盧文弨等人皆做過討論。①

關於異文,目前學者有兩種意見:一是後人改寫。洪頤煊《讀書雜錄》曰:"《魯》作滔滔,《古論》作'悠悠'……字當作'悠悠',今本作'滔滔'者,是後人改。"而阮元和盧文弨都直指是魏何晏依《魯論》妄改。阮元《〈論語注疏〉校勘記》言:"案《史記·孔子世家》亦作'悠悠'。《文選·晉紀總論》注引孔注云:'悠悠者,周流之貌也。'鄭注作'悠悠',亦從《古論》。今注中仍作'滔滔',當是何晏從《魯論》妄改。"盧文弨《釋文考證》亦曰:"《史記·世家》集解引此注'滔滔'作'悠悠',又《文選》四十九干令升《晉紀總論》'悠悠風塵',注所引孔注亦同。是《古論》作'悠悠',鄭、孔皆同。何晏依《魯論》作'滔滔',采孔注而改之,妄甚。"

二是所本不同。陳鱣《論語古訓》曰:"鄭本作'悠悠'者,《孔子世家》云:'悠悠者天下皆是也。'《晉紀總序》云:'悠悠風塵。'注並引孔安國曰:'悠悠者,周流之貌也。'《後漢·朱穆傳》云:'悠悠者,皆見其可稱乎。'亦本此,知鄭與《古論》同也。今本皆作'滔滔',豈何晏從《魯論》妄改經注?"劉寶楠《論語正義》案《鹽鐵論·大論篇》言:"孔子云'悠悠者皆是',皆同鄭本,當是《古論》。《集解》從《魯論》作'滔滔'也。又《漢書》班固《敘傳》:'固作《幽通賦》曰:溺招路以從己兮,謂孔氏猶未可。安慆慆而不萉兮,卒隕身乎世禍。'鄧展曰:'慆慆者,亂貌也。萉,避也。'師古曰:'《論語》稱桀溺曰:滔滔者天下皆是也。此引《論語》作'慆',亦由所見

---

① 諸說參看黃懷信主撰:《論語匯校集釋》,上海:上海古籍出版,2008 年,第 1621—1624 頁。

本異。"

　　黄懷信先生指出:"諸説是,當作'悠悠',作'滔滔'不可解,'慆慆'亦非。"並進一步解釋:"悠悠,憂也,説見《詩》毛傳、《文選》注及《楚辭》注。易,改也。言天下多憂傷者,莫能改此局面也,意孔子亦徒勞。若作'滔滔'而訓周流,天下豈皆周流乎？是作'滔滔'非是。"①但是目前《魯論》的本來面目不存,確不好定論。關於《古論》和《魯論》的不同,現在也不能做評説。但是郭店簡、上博簡中都有記録孔子言論之簡文,安大簡更出《仲尼》篇②,足以説明,在當時的楚地是有《論語》類典籍流傳的。而新出安大簡"滔滔蒼天"例也能告訴我們,也許《古論》並非真的"古",其更早的版本有可能記載的是"滔滔"。

(梁鶴:中山大學歷史學系,"古文字與中華文明傳承發展工程"協同攻關創新平臺,510275,廣州)

---

　　① 黄懷信主撰:《論語匯校集釋》,第 1624、1627 頁。
　　② 安大簡《仲尼曰》的相關介紹可參看徐在國、顧王樂:《安徽大學藏戰國竹簡〈仲尼〉篇》,《文物》2022 年第 3 期;其内容可參看安徽大學漢字發展與應用研究中心編,黄德寬、徐在國主編:《安徽大學藏戰國竹簡(二)》,上海:中西書局,2022 年。

㝬簋銘文"𩚵士"新解

王永昌

〔摘　要〕　㝬簋銘文中有一字作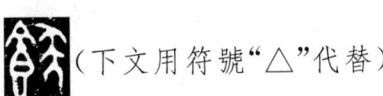形,關於該字右側之所從,學界有不同意見。本文認爲該字右側所從爲"犬"旁,可與任鼎銘文中"獻"字所從"犬"旁的寫法相對照。△字當釋爲"𩚵",從犬得聲,可讀爲"選","𩚵(選)士"當指從周族選拔出來的優秀人才。

〔關鍵詞〕　㝬簋　𩚵士　選士

㝬簋(《集成》4317)銘文中有如下一個字形:

(下文用符號"△"代替)

該字所在辭例爲:有余雖小子,余無康晝夜,經擁先王,用配皇天。簧(廣)㪔(侈)朕心,施于四方,肆余以△士獻民,禹盩先王宗室。①

△字左側從"食",非常明晰,右側所從爲何,學者有不同意見,現分類略述於下。②

(1)"豕"旁說。贊同此說的有羅西章、王慎行、馬承源等學者。此

---

* 本文爲國家社科基金青年項目"清華簡文字與晉系文字對比研究"(19CYY029)的階段性成果。

①　爲行文方便,除所討論之字外,其餘文字均用通行文字寫出。

②　學界關於△字的討論,許金金在《㝬簋與宗周鐘銘文集釋及相關問題研究》一文中作了很好的整理,此不贅引。請參看許金金:《㝬簋與宗周鐘銘文集釋及相關問題研究》,華東師範大學碩士學位論文,2021年,第55—65頁。

外,馬承源從聲符"豕"出發,將△字讀爲"庶",認爲"△士"即"庶士"。凡國棟則將△字讀爲"介",認爲"△士"即"甲士",指勇武之士。

(2)"矣"旁說。贊同此說的有張政烺、張亞初、吳鎮烽等學者。此外,張政烺認爲"△士"即"義士",王輝、周鳳五認同此說。張亞初認爲△字當從"矣"聲,應爲"俟"字之假借字,訓爲高、大,"△士"應即高士、大士。

(3)"豙"旁說。贊同此說的有何琳儀、黃錫全等學者。何琳儀、黃錫全兩位先生一致認爲"△士"應即"掾史",是翼輔天子的士大夫。秦永龍、《金文今譯類檢》編寫組認同此說,但《金文今譯類檢》編寫組却將△字右側隸定爲"豕"。

也有學者如陳英傑徘徊於上述三種不同意見之間。

以上是目前學界對△字考釋意見的大體情況。筆者在學習的過程中,對△字之釋讀亦有一點淺見,下面分兩部分進行論述。

一、△字右側之所從

首先來看△字在其他著録資料中的字形。《商周青銅器銘文選》(一)中△字作 (《銘文選》404),①《陝西金文集成》《中國出土青銅器全集》中有△字的彩色圖片,分別作 、,②尤其值得注意。通過對彩色字形圖片的辨識,筆者認爲△字右側所從部件當爲"犬",理由如下:

---

① 馬承源主編:《商周青銅器銘文選(一)》,北京:文物出版社,1986年,第247頁。吳鎮烽編著的《商周青銅器銘文暨圖像集成》第12卷中字形與此相同,請參看吳鎮烽:《商周青銅器銘文暨圖像集成》第12卷,上海:上海古籍出版社,2012年,第144頁。

② 張天恩主編:《陝西金文集成》第5卷,西安:三秦出版社,2016年,第129頁。李伯謙主編:《中國出土青銅器全集》第17卷,北京:科學出版社、龍門書局,2018年,第603頁。

第一，我們知道，古文字中"犬"字字形的關鍵特徵在於尾巴的筆畫向上翹。仔細觀察△字的彩色圖片，不難發現，其右側所從部件的左下方有一垂直短豎筆，且右下角筆畫向上挑，與金文中"豕"字或"豕"旁的寫法不同，與金文中"彖"字在"豕"字中間多一貫穿直筆形的寫法不同，也與金文中"矣"旁作![]（《集成》3887）形的寫法明顯不同。① 因此，將△字右側所從偏旁釋爲"犬"更妥當一些。

第二，通過將△字右側所從偏旁的寫法與金文中"犬"旁（或"犬"字）的寫法進行對比，可證將△字右側所從釋爲"犬"應無大礙。本篇銘文中有從"犬"之字，即"獻""猷"，分別作![]、![]形，其中"猷"字所從的"犬"旁，左側有豎筆，可與![]左下角之豎筆相比照。先來說一下筆者對字形![]的認識。![]右側中間的短小筆畫（用綫條圈出部分），應該是指示"犬"之身。② 字形![]上部綫條圈出部分爲"犬"之頭，剩餘部分爲"犬"之腳與尾。

下面將猷簋銘文"△"字所從的"犬"旁與金文中確定的"犬"旁列表對比：

"![]"與金文"犬"之比較

猷簋"△"字中的"犬"旁	金文中的"犬"旁（或"犬"字）
![]	![]（"獻"字所從"犬"旁，任鼎，《銘圖》2442）
	![]（"猷"字所從"犬"旁，猷簋，《集成》4317）
	![]（"獻"字所從"犬"旁，寓鼎，《集成》2718）

---

① 董蓮池：《新金文編》，北京：作家出版社，2011年，第1365、1367、2168頁。
② 《陝西金文集成》《中國出土青銅器全集》中△字的彩色圖片非常有助於我們辨識該字的筆畫特徵。

通過上表中的字形對比，不難發現，猷簋"△"字所從"犬"旁的寫法與任鼎中"獻"字所從"犬"旁的寫法有一個共同特點，即指示犬之身的筆畫是獨立的一筆，未與指示犬之尾、犬之脚之筆連爲一體。雖然"犬"旁的🐕類寫法並非其主流字形，與常見的"犬"字或"犬"旁的寫法有細微差異，但🐕中的犬之"頭""身""脚""尾"清晰可辨。因此，筆者將△字右側所從的部件釋爲"犬"，進而將△字釋爲"猷"。

二、"猷"字之釋讀

首先，從漢字構形的一般規律來看，"猷"字當從"犬"得聲。竊以爲"猷"字可讀爲"選"。① "犬""選"皆爲元部字，從"犬"聲之字與從"川"聲之字可通，從"川"之字與從"巽"之字可通，②因此，從語音上來看，將"△士"讀爲"選士"是可行的。"選士"作爲周代選拔人才的一種制度，見於《禮記》，也指選拔出來的優秀人才。《禮記·王制》："命鄉論秀士，升之司徒，曰選士。司徒論選士之秀者而升之學，曰俊士。"③

其次，從句子結構來看，"猷士"與"獻民"是並列關係，二者所指當相類。"獻民"一詞，學者一般認爲指賢良之人，寧鎮疆進一步認爲指"出身異族的賢者"。④ 這是很有啓發性的意見，爲"猷（選）士"的解讀提供了新思路。

---

① 目前金文中尚未見有確鑿的"選"字。
② 高亨纂著，董治安整理：《古字通假會典》，濟南：齊魯書社，1989年，第127、139頁。
③ （清）孫希旦：《禮記集解》，北京：中華書局，1989年，第364頁。
④ 寧鎮疆：《由清華簡〈芮良夫毖〉之"五相"論西周亦"尚賢"及"尚賢"古義》，《學術月刊》2018年第6期，第128頁。

再次，從銘文前後文語義來看，"猷（選）士"當指從周族選拔出來的優秀人才。"余無康晝夜，經擁先王……余以選士獻民，禹螯先王宗室"，大意即周厲王胡晝夜不敢懈怠，效法遵從先王，帶領本族與異族的人才，穩定（或説是祭祀、調和等）先王宗廟，實際上就是率領群賢穩定周王室。①

綜上，筆者認爲猷簋銘文中的"󰀀"字當釋爲"猷"，"猷士"當讀爲"選士"，指選拔出來的優秀人才。是否妥當，敬請各位師友不吝賜教。

（王永昌：山西大學文學院，030006，太原）

---

① 雖然學界對"禹螯"的理解尚未有一致意見，但此處銘文之大意尚可把握，即周厲王胡帶領賢才，穩定周王室。

《唐虞之道》"訇"字辨析*

黄　傑　鄭怡寧

〔摘　要〕　郭店簡《唐虞之道》簡 27"大明不出，旮（萬）勿（物）膚（皆）訇"的"訇"原作 。此字上部是"宀"，楚簡中"宀"旁常常寫作類似"冖"的形狀；下部的"言"可能是"音"的訛變。此字當是一個从宀、音聲的字，應隸定爲"䜭"，讀爲"暗"。

〔關鍵詞〕《唐虞之道》　"訇"　"䜭"　"暗"　訛字

《唐虞之道》簡 27—28：

　　《吴（虞）峕（志）》曰：大明不出，旮（萬）勿（物）膚（皆）訇（暗）。聖【27】者不才（在）上，天下北（必）塚（壞）。①

其中"萬物皆訇（暗）"的"訇（暗）"，原作：

（以下用 B 代替）

---

*　本文爲"古文字與中華文明傳承發展工程"資助項目"楚簡綜合研究"（G3444）的階段性成果。

①　荆門市博物館：《郭店楚墓竹簡》，北京：文物出版社，1998 年，第 41 頁（圖版）、158 頁（釋文）。釋文爲嚴式，大體據武漢大學簡帛研究中心、荆門市博物館編著：《楚地出土戰國簡册合集（一）·郭店楚墓竹書》，北京：文物出版社，2011 年，第 61—62 頁。（後文簡稱《合集（一）》）"旮"原寫作 ，《郭店楚墓竹簡》釋作"完"，《合集（一）》釋作"丏"。今按：此字依形應隸定爲"旮"，參看謝明文：《釋甲骨文中的"旮"及相關諸字——兼論丏、亥係一形分化》，《第八屆出土文獻與中國文學研究學術研討會會議論文集》，上海：復旦大學出土文獻與古文字研究中心，2021 年 11 月 27 日—28 日。

此字整理者無説,學者們有多種意見,兹條列於下:①

(一)白於藍先生認爲 B 从"勹"(伏字初文)、从言聲,言、音一字分化,讀爲"揞",解爲隱藏。② 劉釗先生同之。③

(二)李零先生認爲 B 从勹、从言,从言與从音同,疑讀爲"暗"。④ 廖名春曾認爲 B 疑誤,字當从宀、从音,讀爲"暗"。⑤《楚地出土戰國簡册

---

① 有學者説:"'訇',同'哼',呻吟。章炳麟《新方言・釋言》:'凡呻吟亦曰訇,俗字作哼。'"見涂宗流、劉祖信:《郭店楚簡先秦儒家佚書校釋》,臺北:萬卷樓圖書有限公司,2001年,第62頁。這種看法没有根據,本文不論。

② 白説云:"訇字見於字書。《説文》:'訇,駭聲也,从言勻省聲。漢中西城有訇鄉。又讀若玄。訇,籀文不省。'《集韻・稕韻》:'詽,《博雅》:"欺也。"或作"訇"。'可見,字書所見之'訇'字之字義均難以使簡文文義暢通。而且《説文》《集韻》之'訇'皆从'勻'聲,而簡文此'訇'字原篆作'訇',上部所从乃'勹'字,並非'勻'字,故簡文之'訇'當與字書所見之'訇'字無涉。筆者以爲,簡文此'訇'字實是从勹言聲,乃'揞'字異構。'揞'从音聲,古文字中言、音乃一字分化,于省吾先生已詳論之。故簡文此'訇'字从言聲與'揞'字从音聲並不相詭。至於簡文'訇'字所从之義符'勹',乃'伏'字初文。伏字古有藏、覆、隱等義……而揞字古亦有藏、覆、隱等義。《方言・卷六》:'揞、揜、錯、摩,藏也。荆楚曰揞,吴揚曰揜,周秦曰錯,陳之東鄙曰摩。'……由此可見,揞字以勹(伏)作爲其表義偏旁是完全行得通的。尤其值得注意的是,揞字還是荆楚之地的方言,這與郭店簡出土於楚國故地也是相合的。簡文此句話中,訇(揞)字義爲隱。《説文》:'隱,蔽也。'《玉篇》:'隱,不見也,匿也。'又《易・坤》:'天地閉,賢人隱。'孔穎達《疏》:'天地否閉,賢人潛隱。'簡文'大明不出'之'大明'古指日或月,也可兼指日月……'大明不出,万(萬)勿(物)㭰(皆)訇(揞)。'這句話的字面意思是講日(或月,或日月)不出,萬物隱匿。引申之則意爲聖人不出,萬民蒙昧。"見白於藍:《〈郭店楚墓竹簡〉讀後記》,吉林大學古文字研究室編:《中國古文字研究》第一輯,長春:吉林大學出版社,1999年,第113—114頁。

③ 劉釗:《郭店楚簡校釋》,福州:福建人民出版社,2005年,第159頁。

④ 李零:《郭店楚簡校讀記》,陳鼓應主編:《道家文化研究》第十七輯:郭店楚簡專號,北京:生活・讀書・新知三聯書店,1999年,第500頁;李零:《郭店楚簡校讀記》(增訂本),北京:北京大學出版社,2002年,第98頁。

⑤ 廖名春:《郭店楚簡引〈書〉論〈書〉考》,武漢大學中國文化研究院編:《郭店楚簡國際學術研討會論文集》,武漢:湖北人民出版社,2000年,第122頁。

[十四種]《合集(一)》釋讀爲"訡(暗)"。①

（三）周鳳五先生認爲B從言聲,讀爲"隱"。② 有學者采用此説。③

（四）孟蓬生先生認爲"虐訡"是疊韻連綿字,讀作"氤氳"。④

（五）張富海先生認爲B從"勹"得聲,讀爲"伏"。⑤ 單育辰先生贊同此説。⑥

（六）黃錫全先生認爲B從言、今聲,"言"之上兩橫兼充"今"之內兩

---

① 陳偉等著:《楚地出土戰國簡册[十四種]》,北京:經濟科學出版社,2009年,第194頁。武漢大學簡帛研究中心、荊門市博物館編著:《楚地出土戰國簡册合集(一)·郭店楚墓竹書》,第61—62頁。

② 其説云:"隱,《郭簡》隸定作'訡'而無説。按,字從言聲,言,古音疑母元部,當讀作'隱';隱,影母文部,二字旁轉可通。《虞詩》:'大明不出,萬物咸(引者按:周先生讀"虐"爲"咸")隱。聖者不在上,天下必壞。'以隱、壞爲韻脚,二字對轉可以押韻。"見周鳳五:《郭店楚墓竹簡〈唐虞之道〉新釋》,《"中研院"歷史語言研究所集刊》第70本第3分,臺北:"中研院"歷史語言研究所,1999年,第756頁。

③ 徐新新:《郭店竹簡〈唐虞之道〉〈忠信之道〉〈魯穆公問子思〉〈窮達以時〉集釋》,華東師範大學碩士學位論文,2014年,第81—82頁。

④ 其説云:"'虐訡',疑讀爲'氤氳'。《周易·繫辭》:'天地絪緼。'《經典釋文》:'絪緼,本又作氤氳。'……《忠信之道》簡:'百工不古,而人羖(養)虐(皆)足。'……皆字古音在脂部,氤字古音在真部,陰陽對轉。訡字古音亦在真部。虐訡爲疊韻聯綿字。絪緼(氤氳)本指天地開闢以前混沌不分的狀態,這裏當指太陽出來以前萬物在黑暗中混沌不分的狀態。"見孟蓬生:《郭店楚簡字詞考釋(續)》,張顯成主編:《簡帛語言文字研究》第一輯,成都:巴蜀書社,2002年,第33頁。

⑤ 張富海:《郭店簡文與古書語句之對照》(草稿),北京大學中國古文獻研究中心"郭店楚簡研究"項目。轉引自單育辰:《楚地戰國簡帛與傳世文獻對讀之研究》,北京:中華書局,2014年,第39頁。該書引張富海先生意見云:"張富海曾談到古書中'萬物'多與'伏'連言,如《六韜·武韜》:'大明發而萬物皆照,大義發而萬物皆利,大兵發而萬物皆服。'《尚書大傳·堯典》:'北方者何也,伏方也,萬物之方伏。'《春秋繁露·觀德》:'天出至明,衆知類也,其伏無不炤也。'《白虎通義·八風》:'廣莫風至則萬物伏。'並認爲由此看'疑萬物皆訡,應讀爲萬物皆伏'。"

⑥ 單育辰:《楚地戰國簡帛與傳世文獻對讀之研究》,第39頁。

橫，讀爲"陰"，陰、暗古音同義通。①

（七）廖名春先生引到李鋭先生的兩種說法：一是以爲"訇"同詢簋銘之"詢"字，當釋爲"詢"，讀爲"喧"，《玉篇·口部》："喧，大語也。"一是讀爲有恐懼義的"恂"。② 這是認爲 B 即《說文》的"訇"字。後來出版的《儒藏（精華編）》二八二所收錄的《唐虞之道》（由李鋭先生、王晉卿先生校點）的注釋則祇將 B 釋爲"詢"，讀爲"恂"，解爲恐懼。③

（八）廖名春先生後來又根據清華簡中用作"五行相克（剋）"之"克（剋）"的"訇（詢）"字（筆者按：此材料尚未公布），把 B 和上博一《孔子詩論》簡 22 的 ▨ 字聯繫起來，認爲 B 和 ▨ 就是"訇（詢）"字，應當訓爲剋，指壓制、克制，"萬物皆訇（詢）"即萬物皆受克制，皆被壓制。④

（九）薛培武先生認爲 B 與金文中从言、夗聲的 ▨ 字（《集成》3737）存在聯繫，應分析爲从"夗"得聲，讀爲"怨"或"藴"，訓爲"伏藏"。⑤

---

① 其説云："我們以爲點實從言，今聲，即訡，讀爲陰。是'言'之上兩橫兼充'今'之內兩橫。這種情況如同下列之字：▨▨（郭店楚簡善）▨（包山楚簡識）▨▨（曾侯乙磬諻）。陰、暗於古音同義通（均爲影母侵部）。"見黃錫全：《〈唐虞之道〉疑難字句新探》，長沙市文物考古研究所：《長沙三國吳簡暨百年來簡帛發現與研究國際學術研討會論文集》，北京：中華書局，2005 年，第 224 頁。

② 廖名春：《郭店簡"訇"、上博簡"訇"字新釋》，復旦大學出土文獻與古文字研究中心編：《出土文獻與傳世典籍的詮釋：紀念譚樸森先生逝世兩周年國際學術研討會論文集》，上海：上海古籍出版社，2010 年，第 226 頁。

③ 北京大學《儒藏》編纂與研究中心編：《儒藏（精華編）》二八二上，北京：北京大學出版社，2020 年，第 117 頁。

④ 廖文説，傳世文獻中"五行相克（剋）""土克（剋）水""水克（剋）火""火克（剋）金""金克（剋）木"之"克（剋）"字，在清華簡中皆寫作"訇"。見廖名春：《郭店簡"訇"、上博簡"訇"字新釋》，復旦大學出土文獻與古文字研究中心編：《出土文獻與傳世典籍的詮釋：紀念譚樸森先生逝世兩周年國際學術研討會論文集》，第 225—228 頁。

⑤ 薛培武：《從〈唐虞之道〉"訇"的一種可能的解讀説到甲骨文中的"圍攻"戰》，簡帛網，2018 年 8 月 30 日。

由上述可見，關於此字，學者們的意見甚爲紛繁，尚未取得共識，因此有進一步討論的必要。其中，持第（一）（五）兩種看法的學者都將 B 上部釋爲"伏"字初文"勹"，看作意符或音符。對於這一點，我們留到辨析完其他説法之後再集中討論。

持第（一）種看法的學者實際上是將 B 所從的"言"看作"音"，認爲是聲符。B 下部爲"音"且在字中作聲符的可能性是存在的（參看下文）。不過，"揞"字在先秦秦漢文獻中僅見於《方言》，没有實際用例，所以將 B 讀爲"揞"不是好的選擇。

將 B 分析爲从"言"聲、讀爲"隱"，有兩方面的問題。"言"古音在元部疑母，"隱"在文部影母，二字韻部、聲母都比較接近，但是"言"或从"言"之字與"隱"在先秦秦漢文獻中並無通假的例子。而且，楚簡中"隱"這個詞一般用从"𥫗"的字表示，如上博一《孔子詩論》簡 1 "𧥓（詩）亡（無）隱（隱）志，樂亡（無）隱（隱）情，文亡（無）隱（隱）意"，簡 20 "其陘（隱）志必又（有）以俞（喻）也"。① 所以把 B 讀爲"隱"也不符合楚簡的用字習慣。

認爲 B 从"今"，在字形方面的證據很薄弱。承襲金文的 、 等寫法，戰國楚文字中的"今"字無論單獨使用還是作爲偏旁出現，一般都寫作 （《唐虞之道》簡 17）、（上博七《吴命》簡 9）或 （《尹至》簡 3）等形，罕有省作 B 上部的寫法。説"言"之上兩橫兼充"今"之内兩橫，從古文字構形的理路來看，這種可能性應該是極小的，因爲"今"的兩橫等長，且與右邊垂下的筆畫連屬，而"言"上部的兩橫既不等長，也不可能與其他筆畫連屬。

---

① 馬承源主編：《上海博物館藏戰國楚竹書（一）》，上海：上海古籍出版社，2001年，第 13、32 頁（圖版），123、149 頁（釋文）。釋文參看俞紹宏、張青松編著：《上海博物館藏戰國楚簡集釋》第一册，北京：社會科學文獻出版社，2019 年，第 18、14 頁。

廖文所提到的清華簡用作"剋"的"訇"字尚未公布,無法討論。① 李銳先生和廖名春先生的讀法雖然不同,但二者有一個共同點,即都認爲 B 就是《説文》的"訇"字,所以要麽把此字與詢簋(《集成》4321)的"詢"字(▨)聯繫起來,要麽把此字與上博簡《孔子詩論》簡 22 的 ▨(詢)字聯繫起來。這一看法實不可信。白於藍先生曾指出,《説文》《集韻》等字書中的"訇"字皆从"勻"聲,而 B 上部所从並非"勻"字,所以 B 當與字書所見之"訇"字無涉。② 此説誠是。也就是説,B 與詢簋的"詢"(▨)、《孔子詩論》的 ▨(詢)都没有關係。從字形上看,B 與 ▨ 明顯也不是一個字。孟蓬生先生把"虐訇"讀作"氤氲",且以"訇"字古音在真部,認爲也應把 B 看作从"勻"得聲("勻"古音在真部),難以成立。此外,"皆"這個詞在《忠信之道》簡 7 也寫作"虐"(辭例"人養～足""百善～立")。而且"虐"這樣的寫法到目前爲止僅僅出現在《唐虞之道》和《忠信之道》這兩篇文獻中,足以體現其用字的特殊性,所以從文義和字形上來看,"虐"這個字衹可能用來表示"皆",不太可能表示其他語詞。因此,將 B 讀爲"詢""喧""恂""氲",或依清華簡"訇(韵)"字的用法讀爲"剋",都不能成立。

將 B 上部釋作"夗",也很難站得住脚。金文及楚簡中的"夗"字和"夗"旁,馮勝君先生作過系統的梳理。他指出"夗"字寫作 ▨ 的這種形體很容易類化爲"勹"字。③ 魯大宰原父簋(《集成》3987)"▨(邍)"字所从

---

① "克"與"勻"的上古音相去較遠,古書中也没有見到過"克(剋)"與从"勻"之字換用的例子,清華簡此處爲何要用"訇"字表示"克(剋)",還有待考察。
② 白於藍:《〈郭店楚墓竹簡〉讀後記》,吉林大學古文字研究室編:《中國古文字研究》第一輯,第 113 頁。
③ 馮勝君:《釋戰國文字中的"怨"》,中國古文字研究會、浙江省文物考古研究所編:《古文字研究》第二十五輯,北京:中華書局,2004 年,第 281—285 頁。

"夗"旁寫作■,是"夗"寫作"勹"形的例子,可是這種寫法在"夗"的形體序列中屬於絕對少數。以此種少數形體爲據,將B上部釋作"夗",文字學的證據不充分。更何況,楚文字中从"勹"形的字很多,罕見可以釋作从"夗"者。而且,還應當注意的是,根據現有材料,"夗"寫作"勹"形的寫法出現在"遬"這種結構比較複雜的字中,有可能是爲了簡省。即便寫得這樣簡省、走樣,由於有其他部件的制約,使得整個字仍然不會認錯。可是B的結構很簡單。設想它確實是一個从"夗"之字,如果也將其中的"夗"旁寫得這樣簡省,那麽就會導致該字脱離原形,成爲另一個字。所以,將B上部釋作"夗"不可信。

好几位學者主張B所从之"勹"形是"伏"字初文。甲骨文的勹字,于省吾先生隸定爲"勹",認爲是"俯伏"之"伏"的初文;① 裘錫圭先生認爲是"俯"字的表意初文。② B上部的"勹"與所謂"伏"或"俯"之初文直接對應的可能性當然是存在的,不過,這並不是唯一的可能性,還存在其他可能。

需要指出的是,無論是把B讀爲"揞""隱",還是讀爲"伏""怨"或"蘊",都是將其解爲隱藏、隱匿、伏藏一類意思。仔細思之,這種解釋其實經不住推敲。大明指太陽(參看下文)。太陽不出來,萬物祇是缺乏光照,並没有必要伏藏、隱藏,也不可能都伏藏。

從楚文字的形體看,B上部之"勹"形的解釋還存在另外一種更大的可能性,即"宀"。楚簡中,"宀"旁常常寫作類似"勹"的形狀。如"家"字常作■(郭店《老子》丙簡3)、■(《唐虞之道》簡26),上博一《緇衣》簡11

---

① 于省吾:《釋勹、冎、匍》,收入氏著《甲骨文字釋林》,北京:中華書局,1979年,第374—378頁。
② 裘錫圭:《甲骨文字考釋(八篇)·釋"鬼"》,收入《裘錫圭學術文集·甲骨文卷》,上海:復旦大學出版社,2012年,第81頁。

作【字】；"富"字常作【字】（郭店《老子》甲簡31），上博一《緇衣》簡22作【字】、簡11作【字】，【字】形上部的【字】是"勹"形的第二筆受到簡寬的限制在向右下轉折之前就中斷的結果；"寧"字常作【字】（郭店《緇衣》簡20），上博一《緇衣》簡11寫作【字】；"宜"字常作【字】（郭店《六德》簡4），郭店《語叢三》簡39寫作【字】；"安"字常作【字】（郭店《五行》簡6），郭店《語叢三》簡56寫作【字】。所以B上部應當就是"宀"。從楚文字形體系統的角度看，將B上部釋爲"宀"，要比釋作所謂"伏"或"俯"之初文可信得多。

綜合考慮此字的結構、上下文等方面，本文認爲，廖名春先生的前一種説法可信，B是一個从"宀"、"音"聲的字，應隸定爲"窨"，讀爲"暗"。

一般認爲"音"是由"言"分化而來，二者的區別在於"音"字的"口"旁中多一短橫或短豎。① 東周金文、戰國文字中"言""音"的字形非常相近，容易認錯、抄錯：

---

① 黃德寬主編：《古文字譜系疏證》，北京：商務印書館，2007年，第3900頁。李學勤主編：《字源》，天津：天津古籍出版社；瀋陽：遼寧人民出版社，2012年，第197頁。

言、音字形對照表

	金文	楚簡
言	《集成》2840，戰國晚期	郭店《老子》甲簡 4 郭店《忠信之道》簡 5① 上博一《緇衣》簡 16②
音	《集成》263，春秋早期	郭店《老子》乙簡 12 郭店《老子》甲簡 16③

由上表可以看出，由於手寫因素導致的細微變化，在戰國楚簡中，二者的區別被模糊化，被認混的可能性大大增加。

事實上，二者在戰國時代及稍晚的文獻中就有不少相混的例子：(1)上博七《凡物流形》甲本簡 4"五🔲才(在)人，竺(孰)爲之公"，乙本簡 3—4 作"五🔲才(在)人，竺(孰)爲之公"，整理者將🔲、🔲都釋爲"言"，④其實該篇甲本的"言"字寫作🔲(簡 18)、🔲(簡 20)、🔲(簡 25)、🔲(簡 27)、🔲(簡 29)，乙本的"言"字寫作🔲(簡 13)、🔲(簡 14)、🔲(簡 18)，與此二形不同。🔲與郭店《老子》甲簡 16🔲完全相同，應釋爲"音"，

---

① 荆門市博物館：《郭店楚墓竹簡》，第 3、45 頁。
② 馬承源主編：《上海博物館藏戰國楚竹書(一)》，第 60 頁。
③ 荆門市博物館：《郭店楚墓竹簡》，第 8、4 頁。
④ 馬承源主編：《上海博物館藏戰國楚竹書(七)》，上海：上海古籍出版社，2008 年，第 81、113—114 頁(圖版)，230、274—275 頁(釋文)。

[字形]也應當釋爲"音"。① 整理者將其誤釋爲"言",可見二者易混。(2)清華簡第三輯《祝辭》"言"寫作[字形](簡3)、[字形](簡4)、[字形](簡5),"音"寫作[字形](簡5)。② 在此篇内部,二字的字形有明顯的區别。可是放到整個楚文字系統中來看,《祝辭》簡3、4、5的"言",跟《老子》甲簡16[字形]、《凡物流形》甲本簡4[字形]、《凡物流形》乙本簡3[字形]非常相似,其形體更近於"音"。(3)郭店簡《成之聞之》簡29"《君奭》曰:壞(襄)我二人,毋又(有)合才(在)音",今本《君奭》對應文字作"襄我二人,汝有合哉言"。③ (4)清華簡第六輯《子儀》簡9[字形][辭例"莫迲(往)可=(兮何)以實(置)～"],整理報告釋作"言",④認爲是訛體;⑤王挺斌先生釋爲"音"。⑥ (5)馬王堆漢簡《天下至道談》簡22、50把"音"誤寫作"言"形。⑦ (6)《新書·傅職》"忠信以發之,德言以揚之",⑧與《國語·楚語上》"忠信以發之,德音以揚之"

---

① 參看宋華强:《〈凡物流形〉"五音才人"試解》,簡帛網,2009年6月20日。
② 清華大學出土文獻研究與保護中心編,李學勤主編:《清華大學藏戰國竹簡(叁)》,上海:中西書局,2012年,第102、103頁(圖版),164頁(釋文)。
③ (唐)孔穎達等:《尚書正義》卷十六,(清)阮元校刻:《十三經注疏》,北京:中華書局,1980年,第225頁。
④ 清華大學出土文獻研究與保護中心編,李學勤主編:《清華大學藏戰國竹簡(陸)》,上海:中西書局,2016年,第77頁(圖版)、128頁(釋文)。
⑤ 李學勤主編,賈連翔、沈建華編:《清華大學藏戰國竹簡(肆—陸)文字編》,上海:中西書局,2017年,第53頁。
⑥ 王挺斌:《〈子儀〉篇短札二則》,清華大學出土文獻研究與保護中心網,2016年4月20日。
⑦ 湖南省博物館、復旦大學出土文獻與古文字研究中心編纂,裘錫圭主編:《長沙馬王堆漢墓簡帛集成(陸)》,北京:中華書局,2014年,第164、168頁。
⑧ (漢)賈誼撰,閻振益、鍾夏校注:《新書校注》,北京:中華書局,2000年,第173頁。

很接近,應當也是"言""音"相混導致的異文。

根據上述情形,我們有比較充分的根據認爲B所從之"言"是"音"的誤寫。

綜上所述,B應當釋爲"窨"之訛體。戰國文字中有"窨"字,作 ▢ (《集粹》120),①可以爲將B釋爲"窨"字訛體提供已有的文字證據。

B从"音"得聲,應讀爲"暗"。簡文即"大明不出,萬物皆暗"。"大明"在早期文獻中常指太陽。《禮記·禮器》:"大明生於東,月生於西,此陰陽之分、夫婦之位也。"鄭玄注:"大明,日也。"②《易·乾》:"雲行雨施,品物流形。大明終始,六位時成,時乘六龍以御天。"李鼎祚《集解》引侯果曰:"大明,日也。"③"大明不出,萬物皆暗"是說如果太陽不出現,萬物都會晦暗。先秦秦漢文獻中有不少與此相關的表述。《六韜·發啓》:"大明發而萬物皆照,大義發而萬物皆利,大兵發而萬物皆服。"④"大明不出,萬物皆暗"就是"大明發而萬物皆照"的反面。"大明不出,萬物皆暗"與下文"聖者不在上,天下必壞"意思很接近,二者應當聯繫起來理解。《新書·修政語下》:"君子既去其職,則其於民也,暗暗然如日之已入也。故君子將入而旭旭者,義先聞也;既入而曒曒者,民保其福也;既去而暗暗者,民失其教也。"⑤這段話描述了君子將要到來、正當其位和離開民衆的三種不同的狀態。君子去其職,民衆"失其教",對民衆來説就像太陽

---

① 黃德寬主編,徐在國、程燕、張振謙編著:《戰國文字字形表》,上海:上海古籍出版社,2017年,第1065頁。

② (漢)鄭玄注,(唐)孔穎達等疏:《禮記正義》卷二十四,(清)阮元校刻:《十三經注疏》,北京:中華書局,1980年,第1440—1441頁。

③ (清)李道平撰,潘雨廷點校:《周易集解纂疏》,北京:中華書局,1994年,第36—37頁。

④ 《六韜》,《文淵閣四庫全書》第726册,臺北:臺灣商務印書館,1986年,第17頁。

⑤ (漢)賈誼撰,閻振益、鍾夏校注:《新書校注》,第370頁。

落下了一樣暗昧，與"大明不出，萬物皆暗；聖者不在上，天下必壞"所表達的意思極爲接近。《唐虞之道》簡20—21："上德則天下有君而世明，授賢則民遷教而化乎道。"①這兩句運用了互文的修辭手法，其意爲尚德、授賢則天下有賢德之君，民衆歸附教化，與前述《新書》"君子既去其職，則其於民也，暗暗然如日之已入也""既去而暗暗者，民失其教也"及"大明不出，萬物皆暗"適成對照。此外，先秦秦漢文獻中還有一些"明""暗"對言之例，如《韓非子·奸劫弑臣》："故身在深宫之中，而明照四海之内，而天下弗能蔽、弗能欺者，何也？闇（暗）亂之道廢，而聰明之勢興也。"②《春秋繁露·奉本》："夫至明者其照無疆，至晦者其闇（暗）無疆。"③都可供參看。凡此，皆足以證明將B讀爲"暗"在文義上是非常合適的。

（黄傑：山東大學儒家文明省部共建協同
創新中心、儒學高等研究院，250100，濟南）
（鄭怡寧：山東大學儒學高等研究院，250100，濟南）

---

① 武漢大學簡帛研究中心、荆門市博物館編著：《楚地出土戰國簡册合集（一）·郭店楚墓竹書》，第61頁。"遷"原作⿱，整理者釋爲"興"，兹依陳偉先生釋爲"遷"（陳偉：《郭店竹書別釋》，武漢：湖北教育出版社，2002年，第73頁）。他指出此字與《五行》簡32"遷（⿱）"相近。在語義上，興教是當政者的事情，"遷教"即歸附教化才是民衆的事。《荀子·非十二子》説"十二子者遷化"，《淮南子·繆稱訓》説"聖人在上，民遷而化"。其説甚是。
② （清）王先慎撰，鍾哲點校：《韓非子集解》，北京：中華書局，2003年，第101頁。
③ （漢）董仲舒撰，（清）凌曙注：《春秋繁露》，北京：中華書局，1975年，第348頁。

讀楚簡札記兩則

劉 雲

〔摘 要〕 本文由兩篇關於楚簡的札記組成。第一篇：清華簡《説命上》簡5—6云"邑人皆從一豕地中之自行"，這句話頗爲難懂，學者意見也莫衷一是。本文將這句話中的"自"讀爲"迹"，"邑人皆從一豕地中之迹行"的意思就是，邑人都隨着這隻豬（穿堡逃走時）在地上留下的蹄迹出奔。第二篇：老河口安崗1號墓竹簡簡11中有字作 ![字形], 整理者將其隷定爲"裓"，認爲該字從"衣"從"巾"（或"艸"），"凶"聲，是《説文》訓爲"帛青色"的"總"字之異體。本文認爲整理者將該字下部理解爲從"衣"省是正確的，但該字上部所從應是"㤅"字之變體，並以之爲聲，該字應隷定爲"褒"，爲"䭔"字之異體，在簡文中表示橐囊。

〔關鍵詞〕 清華簡《説命》 自 迹 老河口安崗簡 䭔

一

清華簡《説命上》簡5—6中有如下一段文字：

　　説于犇（圍）伐失仲，一豕乃䢥（穿）保（堡）以逝，迺踐，邑人皆從一豕地中之自行，是爲赤敦之戎。①

―――――――――
① 清華大學出土文獻研究與保護中心編，李學勤主編：《清華大學藏戰國竹簡（叁）》，上海：中西書局，2012年，第122頁。

整理者將"于"訓爲往,將"辜"讀爲"圍",認爲"踐"爲伐滅之意。① 侯乃峰先生將"觀保"讀爲"穿堡",認爲"穿堡"即穿透城堡。② 劉國忠先生指出"赤敔之戎"爲戎狄之名。③ 這些都是很好的意見。

本文要討論的是簡文中的"邑人皆從一豖地中之自行"。整理者將其斷讀爲"邑人皆從,一豖地(隨)中(仲)之自行",並將"一豖地(隨)中(仲)之自行"理解爲失仲逃走而其子隨之。④ "一豖地(隨)中(仲)之自行"語句難通,將其理解爲失仲逃走而其子隨之,有一定難度。另外,簡文中"失仲"都不簡稱爲"仲"。如此看來,這種斷讀是有問題的。還有學者將"地"讀爲"墮""馳""脫""施"等,⑤但大都没有詳細論證,而且如此破讀也無法很好地理解相關文句。

結合前文中的"一豖乃觀(穿)保(堡)以逝",我們認爲"邑人皆從一豖地中之自行"應作一句讀,讀爲"邑人皆從一豖地中之迹行",即將其中的"自"讀爲"迹"。"邑人皆從一豖地中之迹行"的意思就是,邑人都隨着這隻豬(穿堡逃走時)在地上留下的蹄迹出奔。

上古音"自"屬從母質部,"迹"屬精母錫部,兩者聲母同屬齒音,韻部關係十分密切,如錫部的"脊"可以與質部的"即""鵖"相通。⑥ "自"與"迹"亦可輾轉相通。從"自"聲的"息"可以與"疾"相通。如上博簡《鮑叔

---

① 清華大學出土文獻研究與保護中心編,李學勤主編:《清華大學藏戰國竹簡(叁)》,第122、124頁。
② 侯乃峰:《讀清華簡〈説命〉脞録》,《逐狐東山——先秦兩漢出土文獻與古文字論集》,上海:上海古籍出版社,2020年,第64—67頁。
③ 劉國忠:《清華簡〈傅説之命〉別解二則》,《出土文獻》第三輯,上海:中西書局,2012年,第48—49頁。
④ 清華大學出土文獻研究與保護中心編,李學勤主編:《清華大學藏戰國竹簡(叁)》,第124頁。
⑤ 侯傳峰:《清華簡〈説命〉集釋》,曲阜師範大學碩士學位論文,2020年,第31—33頁。
⑥ 張儒、劉毓慶:《漢字通用聲素研究》,太原:山西古籍出版社,2002年,第533頁。

牙與隰朋之諫》簡 5 云"人之性三：食、色、息"，郭店簡《語叢一》簡 110 云"食與色與疾"，"疾"與"息"相對應，"疾"讀爲"息"；①今本《緇衣》"毋以嬖御人疾莊后，毋以嬖御士疾莊士、大夫、卿士"之"疾"，郭店簡本作"息"，"息"讀爲"疾"。②"疾"與"朿"可以通用，如《晏子·内篇諫上》"疾者兼歲"之"疾"，銀雀山漢墓竹簡本作"朿"。③"朿"從"朿"聲，"迹"亦從"朿"聲。可見"自"與"迹"可以相通。

"迹"有足迹、蹄迹、爪迹的意思。《説文》辵部："迹，步處也。"《左傳》昭公十二年："昔穆王欲肆其心，周行天下，將皆必有車轍馬迹焉。"《孟子·滕文公上》："獸蹄鳥迹之道，交於中國。"

《楚辭·卜居》云："寧與騏驥亢軛乎？將隨駑馬之迹乎？"其中"隨駑馬之迹"正可與"邑人皆從一豕地中之迹行"合觀。

二

老河口安崗 1 號墓竹簡簡 10—11 中有如下文字：

四□糗，五紡 X，四縞 X，□糗，四勿，四筥，脩一筴，脯一筴，擣脯一筴。④

其中的 X 作：

---

① 參侯乃峰：《〈鮑叔牙與隰朋之諫〉"人之性三"補説》，《逐狐東山——先秦兩漢出土文獻與古文字論集》，第 20—23 頁。

② 黄德寬、徐在國：《郭店楚簡文字考釋》，《吉林大學古籍整理研究所建所十五周年紀念文集》，長春：吉林大學出版社，1998 年，第 103 頁。侯乃峰：《〈鮑叔牙與隰朋之諫〉"人之性三"補説》，《逐狐東山——先秦兩漢出土文獻與古文字論集》，第 20—23 頁。

③ 銀雀山漢墓竹簡整理小組編：《銀雀山漢墓竹簡〔壹〕》，北京：文物出版社，1985 年，釋文注釋第 89 頁。

④ 王先福主編，襄陽市博物館、老河口市博物館編著：《老河口安崗楚墓》，北京：科學出版社，2018 年，第 145 頁，圖版四五、四六。

整理者將 X 隸定爲"䘒",認爲 X 從"衣"從"屮"(或"艸"),"凶"聲,是《說文》訓爲"帛青色"的"纐"字之異體,在簡文中是物名,疑讀爲"總",所指待考。①

　　X 的兩個形體基本相同,前者更爲清晰一些。觀察前一形體,不難看出其下部從"衣"省,中部從"凶",整理者對 X 這兩部分的隸定是没有問題的。不過整理者將 X 上部隸定爲"屮",認爲 X 從"屮"或"艸",這顯然是有問題的。X 的上部形體近於"十"字形,而戰國文字中的"屮"一般作 ↓(郭店簡《六德》簡 12),下部是彎筆,且豎筆不穿透下部筆畫,與 X 的上部形體明顯不類。戰國文字中的"屮"有時還可作"⊥"形,如 (上博簡《孔子詩論》簡 9)所從"屮"旁,但這種寫法的"屮"字相對少見,而且豎筆亦不穿透下部筆畫,與 X 上部所從的"十"字形形體依然不同。可見,X 的上部形體並不是"屮",當然更非"艸"。

　　上博簡《孔子詩論》簡 11、13、27 中有一類特殊寫法的"送"字,這類"送"字分别作:

這類"送"字是裘錫圭先生考釋出來的。據裘先生研究,這類"送"字的聲旁爲"㥯",該"㥯"旁的下部爲"心"的一種比較古老的寫法,而"㥯"字之所以選取這種比較少見的"心"字異體作爲偏旁,是因爲這種"心"字

---

① 王先福主編,襄陽市博物館、老河口市博物館編著:《老河口安崗楚墓》,第 151—152 頁。

的上部與"凶"字同形,可以利用該"凶"字來表音。① 我們認爲裘先生的意見是正確的。

X的上部形體與這類"送"字所從的"恖"旁十分相似,差別祇是前者比後者下部少了一個"◡"形或"✦"形的結構。

上列"恖"旁下部所從的"◡""✦",本是"心"字下部的有機組成部分。不過,因爲這種"心"字上部與"凶"字同形,該"凶"字又可以在上列"恖"字中表音,致使"◡""✦"在上列"恖"字中的作用不那麼明顯了,甚至由於這種"心"字異體的罕見而導致的陌生感,致使"◡""✦"在"恖"字中顯得有些贅餘。在這種情況下,古人對"◡""✦"做一些改動,是很好理解的。荊門左冢"棋局"中的 ✦,裘錫圭先生釋爲"恖"。② 我們認爲是很正確的。該字就是將上列"恖"字下部的"◡"改造爲表意的"心"旁形成的。上博簡《融師有成氏》簡6中的 ✦,裘錫圭先生亦釋爲"恖"。③ 這也是很好的見解。該字就是將上列"恖"字下部的"◡"或"✦"改造爲"卩"形成的。之所以改造成"卩",是因爲"卩"與其上的"凶"可以組成"兇",而"兇"可以作"恖"的聲旁。④

根據上述情況,我們認爲X的上部形體,就是將上舉"恖"字所從的"◡"或"✦"省略之後形成的。將"◡"或"✦"省略之後,剩下的就是一個從"十"從"凶"之字。該字結構明晰,而且"凶"還可以作"恖"的聲旁,看

---

① 裘錫圭:《釋古文字中的有些"恖"字和從"恖"、從"兇"之字》,《裘錫圭學術文集·金文及其他古文字卷》,上海:復旦大學出版社,2012年,第451—463頁。
② 裘錫圭:《釋古文字中的有些"恖"字和從"恖"、從"兇"之字》,《裘錫圭學術文集·金文及其他古文字卷》,第451—463頁。
③ 裘錫圭:《釋古文字中的有些"恖"字和從"恖"、從"兇"之字》,《裘錫圭學術文集·金文及其他古文字卷》,第451—463頁。
④ 裘錫圭:《釋古文字中的有些"恖"字和從"恖"、從"兇"之字》,《裘錫圭學術文集·金文及其他古文字卷》,第451—463頁。

起來也比較合理。這樣看來,X 的上部形體完全可以看作"恖"的一種異體了。

考釋出 X 的上部形體之後,X 就很好辨認了。X 顯然就是一個從"衣"省,"恖"聲之字,可以隸定爲"裛",直接對應的就是後世從"衣","恖"聲的"褐(褐)"字。"褐(褐)"還可作"幒(幒)""䘋""䘱""䘈"等。《玉篇》衣部:"褐,褌也。或作幒。"巾部:"䘋,裩也。幒同上。"《說文》巾部:"幒,幝也。从巾,恖聲。一曰帙。䘋,幒或从松。"《集韻·腫韻》:"䘈,《博雅》:'襑幝也。'一曰帙也。或作幒、褐、䘋、䘱。"《説文》年代最早,且學界習慣將《説文》正篆視爲正體,鑒於此,我們下文用"幒"來釋寫 X。根據上述字書、韻書的記載,"幒"可以表示"幝(襑、裩)""襑幝",即褲子、短褲之類的衣物。值得注意的是,《説文》《集韻》中還記載了"幒"的另一種含義,即"帙"。《説文》巾部:"帙,書衣也。"《玉篇》巾部:"帙,小橐也。""書衣"與"小橐"看似不同,但兩者本質上是一致的,都是用來裝東西的橐囊之屬。我們認爲《説文》《集韻》中用來訓釋"幒"的"帙",就是橐囊之類的意思。這樣理解該"帙"字,也可以與"幒"褲子、短褲之類的含義相呼應,褲子、短褲的特點就是有兩個褲筒,與橐囊相似。

王谷先生認爲"'五紡裝(繌)''四紫(引者按:王先生將"縞"釋爲"紫")裝(繌)'應該屬於日常生活用品,而且可能與飲食有關,懷疑是食囊一類的盛食囊袋"。① 王先生遵從整理者的意見,將"幒"釋爲"繌",這是有問題的,但他對"幒"含義的理解是十分合理的。據此,我們認爲簡文中的"幒"應該訓爲"帙",即一種橐囊。

(劉雲:河南大學文學院,475001,開封)

---

① 王谷:《老河口安崗楚簡文字補釋》,《簡帛》第二十三輯,上海:上海古籍出版社,2021年,第154頁。

戰國文字从"希"諸字與"肆"字的關係[*]

鄧佩玲

〔摘　要〕　郭店簡《五行》篇"遙"字出現共三次,研究者多認爲即今日"肆"字,該字从"辵"从"希",但部件"希"的寫法却與金文、楚簡中習見的"肄""㸖"所从之"希"存在頗大差異。本文通過對清華簡《五紀》(希)字的考察,參考戰國文字中"㥁"的字形變化,嘗試解釋《五行》"遙"所从"希"的構形及其產生原因。此外,郭店簡"希"書作,其上半部類似於"又"的寫法,或許與戰國楚簡中"希""隸"間的訛變有關。最後,西周金文"肄""㸖"的用法存在明顯分別,本文藉助於楚簡文字从"希"諸字的語義分析,發現戰國時期"肄""㸖"的區別已經開始變得模糊,並認爲這是促成諸字在漢代及以後文獻裏併合成爲"肆"的原因之一。

〔關鍵詞〕　戰國文字　"肆"　"希"　語助詞

以下字形在郭店簡《五行》篇出現共三次,整理者隸定爲"遙":[①]

 不悳(直)不～(簡 21)

 悳(直)而述(遂)之,～也(簡 34)

---

[*]　本文爲香港特別行政區大學教育資助委員會優配研究金(General Research Fund)資助項目研究成果之一(RGC Ref No 17600121)。

[①]　荆門市博物館:《郭店楚墓竹簡》,北京:文物出版社,1998 年,第 150－152 頁。

～而不畏彊(強)語(禦),果也(簡34)

對照相同的文句,簡本《五行》"遳"於帛書本作"迣",李零先生指出"世""肆"讀音相近,"遳"當讀爲"肆"。① 沈培先生與李先生意見相同,訓"肆"爲"放",認爲"肆"是"放肆"的意思,古代"肆"字不一定含有貶義。② "遳"字從"辵"從"希",與"希"相關的字於兩周金文時見,包括"肄""豨""戀":

（肄） 毛公鼎,西周晚期,《集成》2841

（豨） 召卣,西周早期,《集成》5416

（戀） 裘衛盉,西周中期,《集成》9456

金文偏旁（希）象一隻直立的獸形,但究竟表示何種野獸,學者至今未有定論。除了郭店簡《五行》"遳"字之外,"豨"字亦見於清華簡《書》類文獻:《皇門》簡11作，《四告》簡4作。另,上博簡《弟子問》簡16亦有"豨"字,書作。清華簡、上博簡偏旁"希"的寫法雖然與郭店《五行》"希"不盡相同,但却能與西周金文（希）相對應。

"希"於《説文》是部首字:

，脩豪獸。一曰河内名豕也。从互,下象毛足。凡希之屬皆从希,讀若弟。，籀文。，古文。③

---

① 李零:《郭店楚簡校讀記》(增定本),北京:中國人民大學出版社,2007年,第104頁。

② 沈培:《説郭店楚簡中的"肆"》,《語言》2001年第2卷,第306—307頁。

③ (漢)許慎:《説文解字》(附檢字),北京:中華書局,1963年,第197—198頁。

《説文》認爲"希"與豕相關,這可能是由於漢人誤將"希""彖"二字相混。《説文・彖部》"希"字重見:"𧰨,豕走也。从互从豕省。"①陳劍先生已指出獨立的"希"與"彖"無關,而《説文》篆形和傳抄古文中一些"彖"字與"希"字形相近相同,當看作因形體訛變而造成的混同。②

現今學者大多同意將郭店簡《五行》𨒌字隸定爲"遙",即古文獻所見的"肆"字,但由於𨒌字所從偏旁"希"與金文、小篆"希"皆存在頗大距離,過去嘗有論者認爲郭店𨒌字並非從"希",提出了"遴""遂"等隸定意見。③儘管現在大部分研究者皆同意𨒌當隸爲"遙",但或因材料所限,似乎仍未有學者就其構形問題作較詳細分析。

一、郭店簡《五行》"遙"的寫法及其來源

清華簡《五紀》的出現應該能爲上述有關問題提供重要資料。在《五紀》中,"肆"字出現共三次,書作"㣟"或"希"。《五紀》字形不僅能印證郭店簡《五行》所見𨒌字當隸定爲"遙",更揭示了"希"從金文至楚簡之間的演變軌跡。清華簡《五紀》"肆"字的字形及辭例如下:

 止玻(跛)踏(蹲)尻(踞)~(肆)(簡 90)

 ~(肆)赳(越)高畏(簡 105)

---

① (漢)許慎:《説文解字》(附檢字),第 197 頁。
② 陳劍:《金文"彖"字考釋》,《甲骨金文考釋論集》,北京:綫裝書局,2007 年,第 265 頁。
③ 張光裕主編:《郭店楚簡研究・第一卷・文字編》,臺北:藝文印書館,1999 年,第 394 頁。廖名春:《郭店楚簡〈五行〉篇校釋札記》,《中國哲學史》2001 年第 3 期,第 31 頁。

～(肆)虐(虐)廼旨(詣)(簡107)

西周中期縣改簋"肆"字作🔲(《集成》4269),偏旁🔲(希)下半象徵獸身及獸足,其寫法與清華簡《五紀》🔲字下半部近似;然而,不同的是,🔲上半曾被學者視爲反寫的獸口部分,在《五紀》字形中已變化爲🔲。過去學者通過古文字"既"所從之"旡"解釋🔲(希)的構形。金文"既"書作🔲,象徵一人跪坐於食器前轉過頭來,表示"食畢"意思,金文🔲、🔲上半部與"既"中反"欠"之"旡"類近,王蘊智先生由是提出"希"是"反喙之豕"的意見。①

除了"既"字之外,古文字裏从"旡"的字尚有"㤅"。"㤅"字出現較晚,金文例子衹見於戰國彝銘,包括戰國晚期中山王䤾壺🔲(《集成》9735)及奸盗壺🔲(《集成》9734),張政烺先生考證🔲爲《説文》"㤅"字,古書假借爲"愛"。②《説文·心部》釋"㤅"字云:

🔲,惠也,从心,旡聲。🔲,古文。③

除了"㤅"字,《説文》亦收録有"愛"字,見於夊部:"🔲,行皃。从夊,㤅声。""愛"與"㤅"構形不完全相同,小篆"愛"从"㤅"得聲,《説文》"㤅"古文作🔲(㥑),楚簡不少"愛"字皆書作🔲(㥑),可知"㤅""㥑"屬於一字異體,皆是"愛"的古字。

---

① 王蘊智:《釋"豕""希"及與其相關的幾個字》,吉林大學古文字研究室編:《于省吾教授百年誕辰紀念文集》,長春:吉林大學出版社,1996年,第252頁。
② 張政烺:《中山王䤾壺及鼎銘考釋》,吉林大學古文字研究室編:《古文字研究》第一輯,北京:中華書局,1979年,第220頁。
③ (漢)許慎:《説文解字》(附檢字),第219頁。

除了戰國金文兩個"忢"字例子,"忢"在戰國楚簡中亦經常出現。"忢"从"旡",偏旁上半部象徵反向的頭部,在寫法上與"豨"的反喙獸口有相通之處。我們可通過楚簡"忢"的變化,瞭解"豨"從金文演變爲楚簡的過程:

　　上博簡《孔子詩論》17　　清華簡《湯處於湯丘》5　　清華簡《湯處於湯丘》17

上博簡《孔子詩論》簡 17是"忢"字較典型的寫法,上半从,雖然兩腿不再呈現跪坐之狀,但頭部反向的特徵仍然相當明顯。清華簡《湯處於湯丘》"忢"字多次出現,簡 5字已開始產生變化,的頭部不扭向右方,中間直筆亦不再連貫上下,導致、上下兩部分分離。至於簡 17應該是在簡 5基礎上的進一步演變,其頭部保持反向,但進一步變化爲,由於中間斜筆不穿底畫,致使偏旁"旡"同樣分寫爲、兩個部分。"忢"書作的例子在清華簡《湯處於湯丘》篇出現幾次,類似寫法亦見於上博簡《性情論》簡 34（忢）,而侯馬盟書156:20"既"字作,所从"旡"的上半部亦寫作""。由是可見,"旡"上半部書作是系統性的變化,並非單一的偶然現象。參考了楚簡"忢"中偏旁"旡"的演變,當"豨"中象徵獸口部分的中間斜筆不再連貫"獸口"及"獸身",造成了"豨"上下兩部分分離,"獸口"由是演變爲類似於反（止）之"",《五紀》字由此形成。

　　至於郭店簡《五行》"遙"中的寫法,應該是從《五紀》""進一步發展而來的:

戰國文字从"希"諸字與"肆"字的關係

簡21　　　　　簡34　　　　　簡34

上述三個字形出現在同篇簡文裹，簡文位置接近。驟眼看來，三字寫法相同，但仔細觀察便會發現當中仍然存在非常微細的差異：簡21"遙"字所从（希）中"獸身"由類似（大）的形符組成，而簡34的兩個"遙"所从的（希）是以豎筆作爲"獸身"中軸，寫法與（隶）的下半部類似。兩者比較之下，簡21與《五紀》字的繼承關係較爲直接。不過，無論是簡21還是34"希"，其上半部皆已從訛變爲三筆之。有關、的演變關係，可以有以下的推測——爲了書寫便捷，當的彎筆斷爲兩筆，便成爲了由三筆組成的。其實，在楚簡裹並不罕見，大多與"禾"相關，象徵禾的垂穗部分，如（秉）（上博簡《蘭賦》簡3）、（兼）（上博簡《曹沫之陳》簡4）等，都作如此形。不過，亦不局限於表示"禾"，楚簡裹作爲部件的可來源於不同的形符，如（造）（清華簡《攝命》簡3）、（陳）（清華簡《繫年》簡76）、（事）（清華簡《金縢》簡4）、（殺）（包山簡《文書》簡137）裹的來源皆不相同。郭店簡《五行》"希"書作，當中應該是從類似反"止"之發展而來的，可知的來源存在多元性的特點。

二、郭店簡裹可能與"希"相關的兩個字：與

古文字"希"存在多種變體寫法，楚簡"希""遙""緣"諸字大多可讀爲"肆"。除此之外，郭店簡裹與"肆"關係較爲密切的字尚有以下兩類：

115

A形： [字形] 郭店簡《唐虞之道》7

[字形] 郭店簡《語叢一》103

[字形] 郭店簡《語叢三》40

B形： [字形] 郭店簡《語叢二》24

[字形] 郭店簡《語叢二》24

原整理者隸定A形爲"夿"，讀"妨"或"方"，①自從陳偉、劉釗等先生參照《說文》古文證明A形爲"殺"字後，②何琳儀、黄德寬先生藉助兩周金文印證該字乃從[字形]分化而來，讀爲"殺"，③學者已經基本同意A形當讀爲"殺"。《說文·殺部》云：

[字形]，戮也。从殳，杀聲。凡殺之屬皆从殺。[字形]，古文殺。[字形]，古文殺。[字形]，古文殺。④

古文"殺"或作"[字形]"，無論在字形或結構上均可與《唐虞之道》簡7的[字形]對應，雖然郭店簡《語叢》的兩例[字形]在筆畫架構上與《唐虞之道》[字形]存在微細差别，但此類小異並不會構成區别性特徵，這現象可通過楚簡"方"字說明：

---

① 荆門市博物館：《郭店楚墓竹簡》，第157、159、211頁。
② 陳偉：《郭店竹書别釋》，武漢：湖北教育出版社，2002年，第65頁。劉釗：《郭店楚簡校釋》，福州：福建人民出版社，2005年，第153頁。
③ 何琳儀、黄德寬：《説蔡》，《東南文化》1999年第5期，第108頁。
④ （漢）許慎：《説文解字》（附檢字），第66頁。

A₁ 與 A₂ 二形的差異

A₁ 形	A₂ 形	
[字形]	[字形]	[字形]
郭店簡《唐虞之道》簡7	郭店簡《語叢一》簡103	郭店簡《語叢三》簡40

A₁ 形上半所從之 方 與《說文》古文 寫法對應，但却與楚簡 (方)不完全相同，可證明 並不從"方"。至於 A₂ 形兩例 方 的寫法與楚簡 (方)相同，應該屬於誤寫。從現今楚簡材料可見，"方"大多書作同 A₂ 形之 ，但間中亦有寫作如 A₁ 形 方 的例子，如 (清華簡《芮良夫毖》簡10)、 (上博簡《柬大王泊旱》簡13)、 (郭店簡《唐虞之道》簡18)等，由是可見 A₁ 與 A₂ 間存在着微細差别，也可知 A₂ 從"方"應該是誤寫，並不影響字形釋讀。

隨着更多楚簡文獻的出現，楚簡"殺"大多書作 ，皆可與《說文》古文 對應，而楚簡"蔡"字基本上是從金文 發展而來的，例子如 (清華簡《楚居》簡14)、 (清華簡《鄭文公問太伯甲》簡7)、 (包山簡《文書》簡66)等。因此，何琳儀、黃德寬先生的分化説是相當正確的，A 形與"蔡"關係較爲密切，"蔡""殺"上古音近，在郭店簡文中讀爲"殺"。此外，過去有學者釋 A 形爲"殺"，讀"肆"，①但我們認爲這是没有必要的。《唐

---

① 林志鵬:《郭店楚墓竹書〈唐虞之道〉重探》，丁四新主編:《楚地簡帛思想研究（三）》，武漢:湖北教育出版社，2007年，第497—498頁。

虞之道》簡7云:"孝之殺,惡(愛)天下之民。"《語叢一》簡103:"豊(禮)不同,不豊,不殺。"《語叢三》簡40:"惡(愛)親則其殺惡(愛)人。"古書裏"殺"可表示減省、等差的意思,劉釗、陳偉、周鳳五等先生均就"殺"的等差含義作過清晰解釋,可以參考。①

至於B形,基本上可與《説文》"希"字古文對應,與"肆"的關係密切。郭店簡《語叢二》簡24云:"生於易,容生於。",裘錫圭先生釋作"希",疑讀爲"肆",指出"肆"有"大"義。② 沈培先生認爲"大"的解釋不甚確切,指出簡文"肆生於易"可與《禮記·樂記》"易直子諒之心"對照,"易"與"直"義近,"肆生於易"即《五行》"不直不肆";"容"當讀爲"勇","勇生於肆"跟《五行》"肆而不畏強禦"相當。③ 其後,連劭名先生雖然同意讀"希"爲"肆",即《説文》"𦓐"字,但却訓"肆"爲"中""正"。④ 事實上,從古書例子可見,"放"是"肆"的常用義,而"中""正"之義乃是古注疏依據個別辭例而作的詮釋,前文所提沈先生訓"肆"爲"放"的説法比較可取。

就字形而言,雖然可與《説文》古文""對應,但却與楚簡、存在差異,究竟是如何演變而來的?我們認爲應該與金文有較直接的發展關係:

郭店簡《語叢二》簡24　　《説文》古文　　　　金文

---

① 陳偉:《郭店竹書別釋》,第65—66頁。劉釗:《郭店楚簡校釋》,第153頁。周鳳五:《郭店楚墓竹簡〈唐虞之道〉新釋》,《"中研院"歷史語言研究所集刊》第70本第3分,臺北:"中研院"歷史語言研究所,1999年,第747頁。
② 荆門市博物館:《郭店楚墓竹簡》,第206頁。
③ 沈培:《説郭店楚簡中的"肆"》,第311頁。
④ 連劭名:《郭店楚簡〈語叢〉叢釋》,《孔子研究》2003年第2期,第31—32頁。

通過上述字形的對照,我們可以觀察到郭店簡󰀀下半部寫法明顯與金文󰀀的獸身對應;󰀀上半部書作󰀀,與"又"類似,應該是由󰀀中象徵獸口的部分訛變而來。在新出楚簡的部分字例中,偏旁"希"已經發生訛變,寫法與"隸"接近:

清華簡《攝命》7   清華簡《攝命》2

金文"隸"書作󰀀(邵黛鐘,《集成》228),楚簡"隸"作󰀀(郭店簡《尊德義》簡31),"隸"字从"又"持󰀀(尾之初文),①󰀀上半部之所以从"又",反映了"希"從󰀀演變至󰀀(隸)的變化過程。楚簡"絭"在清華簡《厚父》簡8書作󰀀,清華簡《子產》簡3󰀀字从"艸"从"絭",從兩個字例所从之"希"可見,《子產》󰀀中之"希"仍然保持類似於金文󰀀的寫法,但《厚父》󰀀所从"希"的下半部已變得與"隸"所从之󰀀類似,上半部訛變爲類似於"厶"之󰀀。清華簡《攝命》簡7󰀀所从之二"󰀀"與"隸"近似,但"󰀀"上半部"獸口"仍然隱約可見,而《攝命》簡2󰀀基本已訛變爲"棘"。

今日的"肆"字在西周金文分寫爲"辪""絭""鬍"等字,其中"辪"字書作󰀀,右旁本來从"又"从"巾","辪(鬍)"是後人依據小篆󰀀的隸定。清華簡《厚父》󰀀、《子產》󰀀字形中的"又""巾"已合併成爲"隸",故兩字隸定爲"隸""蒜"才較精準。上古"肆""隸"同屬微部,"絭"中之"隸"應該

---

① 參季旭昇:《説文新證》,福州:福建人民出版社,2010年,第222頁。

是"又""巾"併合後聲化的結果。《說文》"肆"籀文从"隶"作[圖],①嶽麓秦簡中[圖]亦多次出現,②《說文》小篆"肆"書作[圖],③从"長"从"隶",偏旁"隶"乃沿襲楚簡"隸"的寫法。《說文》"肆"之小篆[圖]開始以"聿"易"隶",从"聿"之"肆"字在西漢時期才普遍出現,例如北大簡《老子》簡60[圖]、武威漢簡《儀禮·士相見》簡16[圖]、《燕禮》簡50[圖]。"隶"之所以變化爲"聿",大概是由於"隶""聿"形近音近,故當"隸"變化爲"肄"後,"隸"的聲符"隶"亦被"聿"取代。從上述的材料看來,"肆"寫法的出現應該不早於漢代,最早祇可追溯至漢簡資料。楚簡"肆"从"隶"書作"隸",而"帚"又有部分例子訛變爲"隶",故我們已很難確知"[圖]"本來是"隸"抑或"𥸤"。因此,偏旁"帚""隶"之間的訛變關係,極有可能是促使"隸""𥸤"後來合併爲"肆"字的主要原因之一。

　　值得注意的是,清華簡《厚父》簡4"或肆祀三后"之"肆"書作"[圖]",从"示"从"隶",表示祭祀義。在該篇簡文中,同樣用爲祭祀義之"肆"尚有幾例,如簡3"朝夕肆祀"之[圖]、簡10"慎肆祀"之[圖]、簡13"民曰惟酒用肆祀"之[圖],"肆"字寫法並不一致。除了簡3[圖]與金文"肆"關係較直接,簡10、簡13的"肆"字書作从"兔"之"𢄛",應該是受金文"𢄛"的影響。簡4"[圖]"字从"示"从"隶",偏旁"隶"除了具有表音作用,也許亦與"帚"存在字形聯繫。

---

① （漢）許慎:《說文解字》(附檢字),第65頁。
② 陳松長、李洪財、劉欣欣等編:《嶽麓書院藏秦簡(壹—叁)文字編》,上海:上海辭書出版社,2017年,第375—376頁。
③ （漢）許慎:《說文解字》(附檢字),第196頁。

由是可見，"希"在楚簡文獻的寫法衆多，各種寫法間雖然存在錯綜複雜的演變關係，但當中仍然是有迹可循的。金文偏旁"希"可書作【字形】，能直接與楚簡【字形】對應，然而【字形】的"獸口"已訛變成爲"又"，這反映了楚簡裏部分"希"訛變爲"隶"的過程。至於楚簡"希"亦有異體作【字形】、【字形】，前一構形仍然隱約可見"獸口"，但後者却已基本訛變爲"隶"。此外，金文偏旁"希"亦有書作【字形】的例子，其寫法可與楚簡【字形】對應，但【字形】中"獸口"已訛變爲類似於反之（止）之"【字形】"，而【字形】、【字形】所从之"希"應該是【字形】進一步變化的結果。

三、楚簡裏从"希"諸字的語義分析

本文以上追溯偏旁"希"從西周金文至戰國楚簡的演變脈絡，嘗試解釋"希"諸種寫法的産生原因。事實上，楚簡材料中與"希"相關的辭例不少，"希"既可單獨成字，亦有書作"辥""繇"的情况。以下從構形的角度，把楚簡裏與"希"相關的字分爲甲、乙、丙三類：

甲、"希"

1. 不直不【字形】（遙/肆）　　　　　　　　（郭店簡《五行》21）

2. 悳（直）而述（遂）之，【字形】（遙/肆）也　（郭店簡《五行》34）

3. 【字形】（遙/肆）而不畏劈（强）語（禦），果也

（郭店簡《五行》34）

4. 【字形】（希/肆）生於易，容生於【字形】（希）

（郭店簡《語叢二》24）

5. 止跛（跛）趌（蹲）屁（踞）【字形】（俙/肆）

（清華簡《五紀》90）

6. ▨(希/肆)赶(越)高畏　　　　　　　　（清華簡《五紀》105）

7. ▨(希/肆)虖(號)廼旨(詣)　　　　　　（清華簡《五紀》107）

乙、"䌛"

1. 暴(寡)見則▨(䌛/肆)　　　　　　　　（上博簡《弟子問》16）

2. 并命難(勤)▨(䌛/肆)　　　　　　　　（清華簡《攝命》7）

3. ▨(䌛/肆)朕溽(沖)人非敢不用明刑

　　　　　　　　　　　　　　　　　（清華簡《皇門》1）

4. ▨(䌛/肆)佳(唯)喬(驕)慸(縱)忘(荒)矧(怠)

　　　　　　　　　　　　　　　　　（清華簡《四告》4）

5. ▨(䌛/肆)余囊猷卜乃身　　　　　　　（清華簡《攝命》2）

丙、"辪"

1. ▨(辪/肆)女(如)其若龜筮(筮)之言

　　　　　　　　　　　　　　　　　（清華簡《厚父》8）

2. 邦妟(安)民▨(辪/肆)　　　　　　　　（清華簡《子產》3）

3. 朝夕▨(辪/肆)祀　　　　　　　　　　（清華簡《厚父》3）

除了上述例子，清華簡《繫年》簡 29 尚有 "圾▨於汝" 一語，整理者認爲▨字從 "艸"，"䌛" 聲，①但▨下半部與楚簡 "䌛" 存在一定距離，故隸定爲 "蘮" 恐誤，此不錄。

西周金文與 "希" 相關的字主要有 "辪" "䌛" "燹" 三個，"燹" 即後來的

----

① 清華大學出土文獻研究與保護中心編，李學勤主編：《清華大學藏戰國竹簡（貳）》，上海：中西書局，2011 年，第 149 頁。

"豳",與"肆"字關係不大。至於古書裏的"肆"字,西周金文分別書作"辥""縣""膌"三種寫法,不同字形的用法存在頗爲顯著的差異:金文"辥"主要放於句首,作副詞或語助詞;"縣"則作形容詞,具有美盛、盛大的意思;"膌"多用作量詞,與"帚"並無直接關係。事實上,金文"辥""縣"本來應該是意義不同的兩個詞,後來因形近音近併合爲"肆"。① 本文以下通過楚簡材料的分析,認爲"辥""縣"二字大概在戰國時期相混,這亦是二字後來併合成爲"肆"的原因之一。

楚簡"帚"有不少用爲形容詞的例子,具有伸展、放縱、放恣的意思。有關郭店簡"帚"字,沈培先生已有詳細考釋,提出"帚"皆表"放"義,古代"肆"不一定含有貶義。② 而清華簡《五紀》簡 90 "止(跛)蹮(蹲)尻(踞)㐷(㐷/肆)",整理者謂"蹲踞肆"指儀態恣肆,引申爲驕倨無禮。③ 事實上,古文獻時見的"踞肆""倨肆",可能即來源於楚簡的"尻㐷"。《漢書·敘傳》云:"伯對曰:《書》云'乃用婦人之言',何有踞肆於朝?所謂衆惡歸之,不如是之甚者也。"④《後漢書·魯恭列傳》云:"夫戎狄者,四方之異氣也。蹲夷踞肆,與鳥獸無別。"李賢注:"肆,放也。言平坐踞傲,肆放無禮也。"⑤ "踞"即蹲,"踞肆"言其蹲姿肆放,"倨肆"形容人之肆放無禮,兩者意義相關。至於簡 105 "㐷(帚/肆)赳(越)高畏"與簡 107 "㐷(帚/肆)唐

---

① 詳參拙文:《西周金文"辥"字來源並談其語法化進程:兼論"縣""燮"二字》,北京大學出土文獻與古代文明研究所編:《青銅器與金文》第九輯,上海:上海古籍出版社,2022 年,第 6—22 頁。
② 沈培:《說郭店楚簡中的"肆"》,第 306—307 頁。
③ 清華大學出土文獻研究與保護中心編,黃德寬主編:《清華大學藏戰國竹簡(拾壹)》,上海:中西書局,2021 年,第 121 頁。
④ (漢)班固撰,(唐)顔師古注:《漢書》,北京:中華書局,1964 年,第 4201 頁。
⑤ (宋)范曄撰,(唐)李賢等注:《後漢書》,北京:中華書局,1965 年,第 876 頁。

（號）廼旨（詣）"中"肄"，皆可訓爲"極"。整理者言簡文"肄越"指"極高遠"，①"肄號"則可能是大聲號叫的意思。經傳嘗有"肄，極也"的訓釋，如《國語·晉語一》云："民之主也，縱惑不疚，肄侈不違，流志而行，無所不疚，是以及亡而不獲追鑒。"韋昭注："肄，極也。極其泰侈，無所違避。"②"極"可能是從"放"義引申而來的。

楚簡"綊"字亦有訓爲"放"的例子，如上博簡《弟子問》簡 16"鼻（寡）見則🔲（綊/肄）"，李學勤先生讀"綊"爲"肄"，認爲是"放"的意思，並指出句意爲"行爲放肄，乃是寡見造成的弊病"。③ 至於清華簡《攝命》簡 7"并命難（勤）🔲（綊/肄）"，"勤""綊"皆用力、勤勞的意思，是從"極"義引申而來的。如《墨子·兼愛下》："是以聰耳明目相與視聽乎，是以股肱畢强相爲動宰乎，而有道肄相教誨。"孫詒讓《閒詁》云：

《爾雅·釋言》："肄，力也。"《文選·東京賦》"厥庸孔肄"，
薛綜注云："肄，勤也。"言勤力相教誨。④

單育辰先生嘗讀"并命勤綊"之"綊"爲"肄"，訓"勞"，⑤其意見可以參考，但因"肄"可直接訓作"力""勤"，故將"綊"讀如字亦無礙於釋讀。值得注

---

① 清華大學出土文獻研究與保護中心編，黃德寬主編：《清華大學藏戰國竹簡（拾壹）》，第 127 頁。
② 徐元誥撰，王樹民、沈長雲點校：《國語集解》，北京：中華書局，2002 年，第 251 頁。
③ 李學勤：《楚簡〈弟子問〉與"綊"字》，《文物中的古文明》，北京：商務印書館，2008 年，第 486 頁。
④ （清）孫詒讓撰，孫啓治點校：《墨子閒詁》，北京：中華書局，2001 年，第 116 頁。
⑤ 參《清華簡八〈攝命〉初讀》論壇第 50 樓 ee 意見（2018 年 11 月 26 日），網址：http://www.bsm.org.cn/forum/forum.php?mod=viewthread&tid=3344&page=2；亦見《清華簡八〈攝命〉初讀》論壇第 107 樓 ee 意見（2018 年 12 月 21 日），網址：http://www.bsm.org.cn/forum/forum.php?mod=viewthread&tid=4352&extra=page%3D1&page=11。

意的是,西周早期盂鼎有"率于酉(酒)"(《集成》2837)一語,""字書作"",讀"肆",是放肆的意思。从"矢"之"肆"在其後的出土資料中亦偶爾出現:

~(《璽彙》5120)

宜陽~(肆)(《秦陶》1232)

辰不可以哭、穿~(殔)(睡虎地秦簡《日書乙》191)

執匜洗西南~(肆)(武威漢簡《儀禮·少牢》12)

以上"肆"字的用法不盡相同:《璽彙》5120"肆"是人名;《秦陶》1232"肆"通"肆",指買賣場所;睡虎地秦簡《日書乙》簡191"肆"字讀"殔",指"埋棺之坎";①武威《儀禮》簡12"肆"可釋讀爲古書裏訓"陳"之"肆"。另武威《儀禮》簡裏亦見有从"長"之"肆"字,如《燕禮》簡50"肆夏"之"肆"書作"肆"。由是可見,訓"放"之"肆"在西周早期金文已經出現,其後在多種出土文獻中亦見其例;然而,各例在具體用法上却不盡相同。古書裏"肆""肆"互通,《説文·聿部》"肄"收録有篆文作"肆"。由於訓"放"之"肆"迄今祇見於盂鼎,我們似乎難以得知究竟"肆"是訓"放"之"肆"的本字,抑或祇是由於音近形近而與"肆"互通。

金文"肆"基本上用在語首,作爲副詞或語助詞,類似用法的"肆"字在《尚書》中經常出現。但從楚簡材料可見,除了清華簡《厚父》簡8"𨔶(肆/肆)女(如)其若龜筮(筮)之言"之"肆"是語首助詞,其餘"肆"

---

① 睡虎地秦墓竹簡整理小組編:《睡虎地秦墓竹簡》,北京:文物出版社,1990年,第248頁。

皆明顯不是用於語首作虛詞的，這反映了戰國楚簡裏"肆""繇"已經開始混用。例如，在清華簡《子產》簡 3"邦安（安）民☐（肆/肆）"一語中，從"肆"之"肆"是形容詞，具有不含貶義的放肆義，表示人民安適從容的意思；①在清華簡《厚父》簡 3"朝夕☐（肆/肆）祀"中"肆"是祭祀名。其實，表示祭祀義之"肆"在《厚父》裏出現數次，包括簡 10、簡 13"袥"及簡 4"祿"，陳劍先生指出古書裏表示祭祀義之"肆"來源於西周金文"鬻"，②簡文以"肆"表示祭祀義，亦顯示了戰國時期"肆""鬻"的混用。此外，從現有楚簡材料可知，金文中主要用爲形容詞之"繇"，在楚簡中有作語首助詞的例子。如清華簡《皇門》簡 1"☐（繇/肆）朕沖（沖）人非敢不用明刑"、《四告》簡 4"☐（繇/肆）隹（唯）喬（驕）惷（縱）忘（荒）忽（怠）"、《攝命》簡 2"☐（繇/肆）余囊猷卜乃身"，可見楚簡裏"肆""繇"相混已經不是單一現象，也反映了當時"希""肆""繇"三字已經不存在清晰的區別，加上"希""隶"間又有訛變關係，這成爲了後來"希""肆""繇"三字併合爲"肆"的原因之一。

總括而言，"肆"字出現甚晚，從現有出土文獻可知，其出現應該不早於漢代。西周時期，金文"肆""繇"在用法上的區別明顯，嚴格來説，"肆""繇"應該屬於兩個形義不同的詞。然而，下逮戰國時期，"肆""繇"的區別已經開始變得模糊，楚簡裏"希""肆""繇"三字互混的現象亦顯示書手

---

① 參《清華六〈子產〉初讀》論壇第 15 樓 bulang 意見（2016 年 4 月 17 日），網址：http://www.bsm.org.cn/forum/forum.php? mod＝viewthread&tid＝3344&page＝2。

② 陳劍：《甲骨金文舊釋"鬻"之字及其相關諸字新釋》，復旦大學出土文獻與古文字研究中心編：《出土文獻與古文字研究》第二輯，上海：復旦大學出版社，2008 年，第 27—29 頁。

不太認識各字間本來的差異,這促成了諸字在漢代及以後文獻裏併合成爲"肆"。

(鄧佩玲:香港大學中文學院、"古文字與中華文明傳承發展工程"協同攻關創新平臺,999077,香港)

戰國文字"䘳""裚"疏補[*]

徐俊剛

〔摘　要〕　本文通過梳理補充戰國文字"䘳""裚"的字形、字義用例，認爲戰國文字中"䘳"與"裚"是兩個不同的字。就目前所見，楚文字中的"䘳"是"卒"，而三晉文字中的"裚"很可能是三體石經"狄"字古文"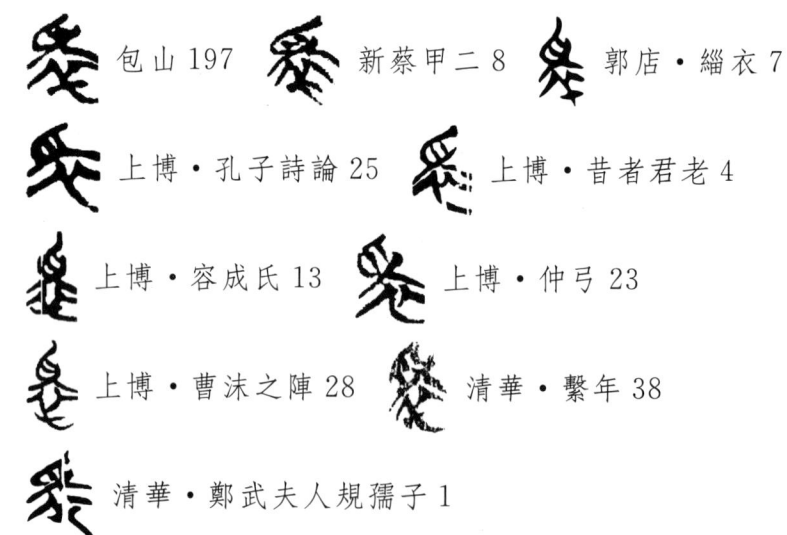"的原形，常可讀爲"狄"或"翟"。二者字形相近而音義相别，在隸定和釋讀時應予以區别。

〔關鍵詞〕　戰國文字　卒　𧘇　狄

戰國文字中有一些所謂從爪從卒或衣的字，兹舉例如下：

---

[*] 本文是教育部人文社會科學研究青年基金項目"中國東周時期青銅兵器銘文整理與研究"（22YJC770027）的階段性成果。

清華·越公其事64　清華·心是謂中3

曾侯乙漆衣箱　璽彙0042　璽彙5560

（以上爲楚文字）

滎陽上官皿（圖像集成14085）

安邑下官鍾（集成09707）

八年陽翟令矛（圖像集成17704）

三十三年業令戈（集成11312）

（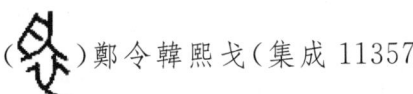）鄭令韓熙戈（集成11357）

四年武雒令矛（集成11564）

（以上爲三晉文字）

相似字形"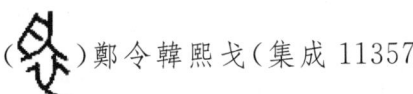"此前已見於魏三體石經古文，與篆、隸體"狄"字相對應。王國維認爲該字從爪從卒，疑是"裼"字之訛。古"狄""易"同聲，故"逖"之古文作"逷"，《史記·殷本紀》"簡狄"，舊本作"簡易"，《漢書·古今人表》作"簡逷"；《山海經》《竹書》之"有易"，《楚辭·天問》作"有狄"。此蓋假"裼"爲"狄"。① 其後學界對此類字多有討論，逐漸形成趨近的認識，受

---

① 王國維：《魏正始石經殘石考》，《王國維遺書》第九册，上海：上海古籍書店，1983年，第34頁。

王國維觀點的影響，不少學者認爲"乑"與三體石經中的"👤（裼）"是同一個字，如李家浩即以"古文字中的異讀現象"來解說之。① 禤健聰則認爲三體石經古文的"裼"與戰國文字中的"乑"是兩個完全不同的字。② 本文擬在以往研究的基礎上對這類字加以補充論證。

對於這類從爪從卒或衣的字，學界習慣上將其隸定爲"乑"或"裒"。我們認爲，僅就戰國文字而言，這兩種隸定其實是代表了不同的字，不應混淆。兩種隸定的區別在於將字下部視爲"卒"還是視爲"衣"。關於"卒"和"衣"的關係，很多學者都有論述，如裘錫圭曾詳細討論了甲骨文中"卒""衣"的關係。③ 何琳儀、陳斯鵬均認爲"卒""衣"一字分化。④ "卒"與"衣"字形相近，上古音"卒"屬物部，"衣"屬微部，物是微的入聲韻，因而無論是字形還是字音，説二者一字分化均有道理。但在戰國文字，特別是楚文字中，兩字其實已經可以較爲嚴格地區分了。李守奎提出楚文字"衣"與"卒"之別在於有無"爪"。⑤ 禤健聰進一步指出，楚文字中"卒"和"衣"的書寫符號有嚴格的字形對應關係，總體上是以"乑"這個字形表示"卒"這個詞，以"卒"這個字形表示"衣"這個詞，"卒""衣"的區別是"衣"上有無"爪"形而不是"衣"下有無點畫。楚簡"卒"這個形體其實仍是"衣"，祇因贅加了飾筆才與《説文》"卒"字同形。⑥

---

① 李家浩：《從戰國"忠信"印談古文字中的異讀現象》，《北京大學學報（哲學社會科學版）》1987年第2期，第9—19頁。
② 禤健聰：《三體石經古文"裼"與戰國文字"乑"辯議》，《戰國楚系簡帛用字習慣研究》，北京：科學出版社，2017年，第464—470頁。
③ 裘錫圭：《釋殷墟卜辭中的"卒"和"裨"》，《中原文物》1990年第3期，第8—17頁。
④ 何琳儀：《包山竹簡選釋》，《江漢考古》1993年第4期，第55—63頁。陳斯鵬：《楚系簡帛中字形與音義關係研究》，北京：中國社會科學出版社，2011年，第234頁。
⑤ 李守奎、曲冰、孫偉龍編著：《上海博物館藏戰國楚竹書（一—五）文字編》，北京：作家出版社，2007年，第412頁。
⑥ 禤健聰：《戰國楚系簡帛用字習慣研究》，第464—470頁。

查檢具體資料,楚文字中"衣"的寫法、用法均較爲穩定,如:

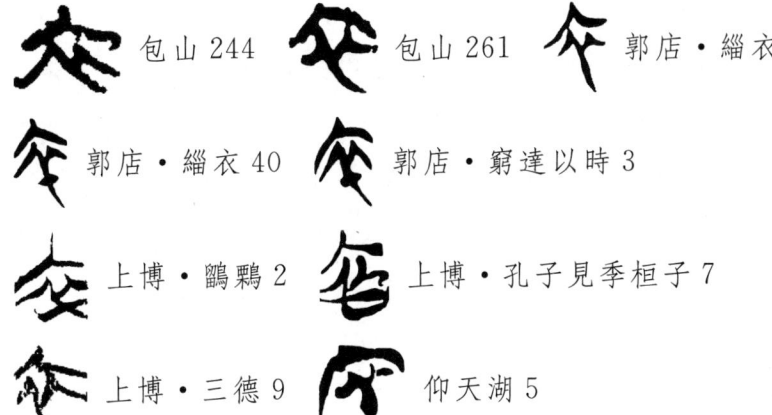

以上字例均是確鑿無疑的"衣",有點與無點互見,可知楚文字在表示"衣"這個詞時,字下部點畫當爲古文字中很常見的飾筆,並不以之作爲區別"衣""卒"的標志,禤説可信。

楚文字中的"卒",字形一致作"䘏"而釋義各異,以本文開篇所舉材料爲例:①

郭店・緇衣 7:《大雅》云:"上帝板板,下民䘏(卒)癉。"

上博・孔子詩論 25:《大田》之䘏(卒)章,知言而有禮。

上博・昔者君老 4:君䘏(卒),太子乃無聞、無聽,不問、不命,唯哀悲是思,唯邦之大務是敬。

上博・容成氏 13:於是乎天下之人,以堯爲善興賢,而䘏(卒)立之。

上博・仲弓 23:夫喪,至愛之䘏(卒)也,所以成死也,不可不慎也。

上博・曹沫之陣 28:䘏(卒)有長,三軍有帥,邦有君,此三者所以戰。

清華・繫年 38:晉惠公䘏(卒),懷公即位。

---

① 爲方便行文,本文所引用古文字材料,與本文討論無關之字皆直接破讀。

清華·鄭武夫人規孺子1：鄭武公㝬（卒），既葬，武夫人規乳＝（孺子）。

清華·越公其事64：越王乃中分其師以爲左軍、右軍，以其私㝬（卒）君子六千以爲中軍。

清華·心是謂中3：人之有爲，而不知其㝬（卒），不唯謀而不度乎？

以上諸例讀爲"卒"均確鑿無誤，可釋爲終於、最後、死、士卒等"卒"的常用意義。《璽彙》中著録的兩枚楚官璽：

司馬㝬鈢（璽彙0042）

公㝬之四（璽彙5560）

李家浩將"㝬"釋爲"卒"，即兵卒、士卒，①亦可從。包山簡、新蔡簡中相關辭例均相同，作"盡㝬歲""㝬歲"。包山簡整理者認爲"㝬"是"卒"的異體，"卒歲"即"盡歲"，指一年。② 曾憲通認爲該字與三體石經"狄"字古文相同，讀爲"易"，"易歲"取寒暑易節之義，指次年。③ 宋華強指出"㝬歲"即"卒歲"，④其説可從。曾侯乙漆衣箱文字中的"㝬匧"，整理者讀爲"狄匧"，認爲是用來裝后妃衣服的衣箱，並引《周禮·内司服》"掌王后之六服：褘衣、揄狄、闕狄……"爲證據。⑤ 黃錫全將"㝬匧"讀爲"褐匧"，是裝褐衣之箱，又將另一件漆箱的"▨匧"之"▨"釋爲"㡪"，讀爲"褎匧"，認爲即"褘匧"，是裝褘衣之箱。⑥ 現在從楚文字用字習慣來看，"㝬"即

---

① 李家浩：《楚國官印考釋（四篇）》，《江漢考古》1984年第2期，第44—49頁。

② 湖北省荊沙鐵路考古隊：《包山楚簡》，北京：文物出版社，1991年，第53頁。

③ 曾憲通：《包山卜筮簡考釋（七篇）》，《第二屆國際中國古文字學研討會論文集》，香港：香港中文大學中國語言及文學系，1993年，第405—406頁。

④ 宋華強：《新蔡葛陵楚簡初探》，武漢：武漢大學出版社，2010年，第47—54頁。

⑤ 湖北省博物館編：《曾侯乙墓》上，北京：文物出版社，1989年，第353—354頁。

⑥ 黃錫全：《湖北出土商周文字輯證》（增補本）上，武漢：武漢大學出版社，2019年，第110頁。

"卒",在這裏當解爲"最後,末尾",與上引上博簡《孔子詩論》25"《大田》之采(卒)章"、以及《論語·子張》"有始有卒者,其惟圣人乎"中"卒"的用法相同。"采匫"即"卒匫",指最後的匫。曾侯乙墓共出土五件漆衣箱,作爲陪葬品有一定的排擺順序,大抵"卒匫"即爲五個衣箱中的最後一個。而細審"[圖]匫"之"[圖]"的字形,當釋爲"訇"。施謝捷曾對古文字中相關字形作過細緻的討論,指出"訇"所從的"[圖]"形常與"牙"形相訛混。① "訇"可讀爲"始","訇匫"即"始匫",指五個衣箱中的第一個,"始匫"與"卒匫"正相對應,都是對衣箱順序的標注。② 另外:

> 上博·從政甲7:三制:持行見上[圖]食。

"[圖]"字,整理者釋爲"卒",陳劍釋爲"衣",③禤健聰因簡文殘缺,未敢輕斷,認爲單就字形來講,釋"衣"的可能性更大。④ 釋"衣"可從,其字形可與上引仰天湖簡5之字相比較。該條不能作爲楚文字"卒"可作"采"的例證。

當然,楚簡中也有"卒"不寫作"采"的例外,如:

> 郭店·唐虞之道18:卒王天下而不疑。

"卒"寫作"[圖]",這大概是因爲《唐虞之道》本身不是典型楚文字抄本,而

---

① 施謝捷:《說"訇(訇乌凵)"及相關諸字(上)》,《出土文獻與傳世典籍的詮釋:譚樸森先生逝世兩周年國際學術研討會論文集》,上海:上海古籍出版社,2010年,第47—66頁。

② 張新俊:《上博楚簡文字研究》,吉林大學博士學位論文,2005年,第97—98頁。

③ 陳劍:《上博簡〈子羔〉〈從政〉篇的竹簡拼合與編連問題小議》,《文物》2003年第5期,第57—59頁。

④ 禤健聰:《戰國楚系簡帛用字習慣研究》,第467頁注釋①。

帶有其他系別文字的用字習慣。① 此外,清華簡《筮法》28 中讀爲"萃"之字作"▨",李守奎指出《筮法》中有一些字有晉系特徵,②岳曉峰認爲"▨"當是受到底本的影響,③裘錫圭也懷疑《筮法》的原始底本來自晉地,④均很有道理。上博簡《周易》42 的"萃"字作"▨",從"采",是楚文字的習慣寫法,亦可輔證《筮法》所本並非是典型楚文字抄本。又,安大簡《詩經·無衣》114 有如下詩句:

豈曰無▨六也？不如子之▨,安且燠也。

第一個"▨"釋衣無誤,第二個"▨",整理者釋卒,認爲是衣的誤字。⑤學者曾推測安大簡《詩經》的底本可能是晉國的抄本或摘編本,流傳到楚國後爲楚人重新抄寫,⑥這個誤寫的"卒"字或許也可以做一個小證據。以上這些例外都不能看作是楚文字的情況。

總之,通過梳理比對上述資料,我們認爲,禤健聰提出的楚系文字中"采"均讀爲"卒"及"卒"與"衣"的字形差異,就目前所見資料來看是完全可信的。相關字形在楚文字中當隸定爲"采",而不應隸定爲"衺"。"衺"在戰國文字中另有其字。

---

① 參見馮勝君:《郭店簡與上博簡對比研究》,北京:綫裝書局,2007 年,第 315—320 頁。
② 李守奎:《清華簡〈筮法〉文字與文本特點略說》,《深圳大學學報(人文社會科學版)》2014 年第 1 期,第 58—62 頁。
③ 岳曉峰:《楚簡訛混字形研究》,浙江大學博士學位論文,2015 年,第 59 頁。
④ 裘錫圭:《〈戰國文字及其文化意義研究〉緒言》,《出土文獻與古文字研究》第六輯,上海:上海古籍出版社,2015 年,第 223 頁。
⑤ 黃德寬、徐在國主編:《安徽大學藏戰國竹簡(一)》,上海:中西書局,2019 年,第 74 頁。
⑥ 夏大兆:《安大簡〈詩經〉"侯六"考》,《貴州師範大學學報(社會科學版)》2018 年第 4 期,第 119—125 頁。

安大簡《詩經·無衣》114 的"卒""衣"之誤,對我們討論"衺"字很有幫助。將"[字]"與上引《唐虞之道》的"[字]"、《筮法》的"[字]"相比較可以發現,這些"卒"字都有一點畫。由此或可以推知,在楚文字之外,"卒"與"衣"可能就是通過這一點畫來作區分的,即該點畫未必是用爲飾筆的。這樣,回到本文開篇所列舉的三晉文字中從爪從卒或衣的字,可以發現,這些字下部所從都沒有點畫,因此,它們應該是從爪從衣,當隸定爲"衺",而非"䘏"。禤健聰認爲楚系以外戰國文字中的"䘏"都應釋爲"卒",出土文獻資料無從爪從卒(或衣)之字讀爲"狄"或"褐",這一觀點恐怕是有問題的。

以三晉文字爲例,從爪從衣的"衺"主要見於人名(含姓氏字,如璽彙2088"[字]")和地名。其中,地名見於如下兩件兵器:

　　八年陽翟令矛(圖像集成 17704):八年陽衺命□司寇□□右庫工帀樂臤冶䃯敼戟刺

　　十六年陽翟令戈(文物典 1002 頁):十六年陽衺命梁□司寇秦□右庫工帀□冶大

據銘文"令+司寇"的監造制度、"冶"字寫法及"敼(造)""戟刺"的稱謂等,可知二者都是韓國兵器。[①] 如果將"衺"讀爲"卒",戰國時從不見"陽卒"之地名。而戰國時韓國恰有地名"陽翟",古"狄"與"翟"常有通假之例,地名"陽衺"之"衺"正與三體石經"狄"字古文"[字]"相近,當可讀爲"狄",故而"陽衺"應該就是"陽翟",還原到實際材料中也可吻合。韓之

---

① 參見黃盛璋:《試論三晉兵器的國別和年代及其相關問題》,《考古學報》1974年第 1 期,第 13—44 頁;吳良寶:《談韓兵監造者"司寇"的出現時間》,《古文字研究》第二十八輯,北京:中華書局,2010 年,第 347—350 頁;蘇輝:《秦三晉紀年兵器研究》,上海:上海古籍出版社,2013 年,第 34—37 頁;吳良寶、徐俊剛:《戰國三晉"冶"字新考察》,《古文字研究》第三十一輯,北京:中華書局,2016 年,第 205—210 頁等。

"陽翟"一度屬楚,包山193有"陽翟人瘴㜎","翟"字並未作"羍",可作"裔"與楚文字的"羍"應相區別的例證。由此可證至少在三晉文字中,所謂"羍"或"裔"不應釋爲"卒",常可以讀爲"狄"或"翟"。

關於三體石經"狄"字古文"▨"的形體,王國維認爲該字從爪從卒,疑是"褐"字之訛。禤健聰認爲王國維所説"'褐'字之訛"指此字右上部所從非"爪"而是"易"之訛體,並舉《汗簡》《古文四聲韻》中"褐"的傳抄古文爲例,此説很有啓發。但"易"形訛簡縮小至如此,確鑿證據仍顯不充足。因此,林澐提出的石經古文的字形是"褐"的"原始表義字",象以手捉衣之形的看法仍值得重視。① 前文已述,楚文字以外,"卒""衣"的區别很可能就在有無點畫,王國維所言"'褐'字之訛",亦有可能是指"卒""衣"之訛。此外,馮勝君曾認爲三體石經古文"狄"與楚文字"羍"祇是偶然同形,二者在形體上可能也有區别,即楚文字"卒"所從爪旁在左上,而三體石經"狄"字所從爪旁在右上。② 三晉文字中與之同形的字大部分爪形都在左,雖然"十六年陽翟令戈"原圖漫漶難辨,但"八年陽翟令矛"的高清彩圖著録於河南博物院編著的《群雄逐鹿——兩周中原列國文物瑰寶》,銘文清晰可識,"▨"③字爪形明顯在左。目前所見祇有"三十三年業令戈"的"▨"爪形在右。可見爪形位置的不同並不是其與楚文字"羍"相區别的決定性因素。至於三晉文字中作爲人名用字的"裔",讀爲"狄"應該是没有問題的。四年昌國鼎中所謂工師名"翟",《集成》和《圖像集成》的銘文拓本都無法辨識字形,《圖像集成》附有摹本,作"▨",下部應該從

---

① 林澐:《古文字學簡論》,北京:中華書局,2012年,第128—129頁。
② 馮勝君:《郭店簡與上博簡對比研究》,第296頁注釋3。
③ 河南博物院:《群雄逐鹿——兩周中原列國文物瑰寶》,鄭州:大象出版社,2003年,第153頁。

"衣"。如其摹寫可信,則該字也應該是"裘",與安邑下官鍾(集成09707)、滎陽上官皿(圖像集成14085)中的"史裘"一樣用作人名。

【引書簡稱】

集成——中國社會科學院考古研究所編:《殷周金文集成》(修訂增補本),北京:中華書局,2007年。

圖像集成——吳鎮烽編著:《商周青銅器銘文暨圖像集成》,上海:上海古籍出版社,2012年。

璽彙——羅福頤主編:《古璽彙編》,北京:文物出版社,1981年。

文物典——秦文生、張鍇生主編:《中原文化大典·文物典·青銅器》(全二册),鄭州:中州古籍出版社,2008年。

包山——湖北省荆沙鐵路考古隊:《包山楚簡》,北京:文物出版社,1991年。

郭店——武漢大學簡帛研究中心、荆門市博物館編著:《楚地出土戰國簡册合集(一):郭店楚墓竹書》,北京:文物出版社,2011年。

新蔡——武漢大學簡帛研究中心、河南省文物考古研究所編著:《楚地出土戰國簡册合集(二):葛陵楚墓竹簡、長臺關楚墓竹簡》,北京:文物出版社,2013年。

上博——馬承源主編:《上海博物館藏戰國楚竹書》一——九,上海:上海古籍出版社,2001—2012年。

清華——清華大學出土文獻研究與保護中心編,李學勤主編:《清華大學藏戰國竹簡》一——八,上海:中西書局,2010—2018年。

仰天湖——陳偉等著:《楚地出土戰國簡册[十四種]·仰天湖25號墓簡册》,北京:經濟科學出版社,2009年。

(徐俊剛:中山大學中國語言文學系(珠海),519082,珠海)

說楚文字中的"橐"

馬 超

〔摘 要〕 郭店簡《老子》甲組簡23之⊞,對應馬王堆帛書本以及傳世本《老子》中"橐籥"之"橐",學界對其形體結構一直存有不同的解釋意見,莫衷一是。根據戰國早期樊季氏孫仲羋鼎自名所見"橐沱"之"橐",同時結合甲骨金文等古文字資料中橐、囊、函、鞄等相關字形的結構與演變歷程,可以推論郭店簡此字應是從橐省、毛聲的橐字異體。

〔關鍵詞〕 郭店簡 《老子》 橐 囊

一、關於郭店簡《老子》⊞字的爭議

郭店簡《老子》甲組簡23曰(釋文從寬):

　　天地之間,其猷(猶)⊞籥與? 虚而不屈,動而愈出。
對應的馬王堆帛書《老子》作:
　　天地[之]閒(間),其猶(猶)橐籥輿(歟)? 虚而不淈(屈),　踵(動)而俞(愈)出。(甲本)
　　天地之閒(間),亓(其)猷(猶)橐籥輿(歟)? 虚而不淈

＊ 本文系國家社科基金青年項目"金文所見兩周古國爵姓及存滅史料整理與研究"(19CZS014)的階段性成果。

（屈），勭（動）而俞（愈）出。（乙本）①

對應今本（王弼本）作：

　　　　天地之間，其猶橐籥乎？虛而不屈，動而愈出。

根據文本對照，郭店簡《老子》甲組中的"囗籊"，在帛書本與傳世本中均作"橐籥"。"籊"字或認爲乃"籥"之誤字，或認爲應讀爲"籥"。劉信芳、廖名春、謝明文等先生認爲此字應釋爲"管"，"管"又與前文"間"押韻，籥、管爲同意關係，②此說合於字形又可滿足文本押韻，較有道理，今從之。

簡文中的囗字，對應今本之"橐"，故學界多認同將此字釋爲或讀爲"橐"，但是各家的具體意見以及對其形體的認識並不統一。就筆者所見，大致有以下幾種不同觀點：

（1）原整理者隸定爲"囨"，認爲其從"囗"，"乇"聲，讀作"橐"。③ 張光裕、廖名春、劉釗等先生意見與此相近，均認爲字從乇聲，而乇、石音近，故在簡文中應讀爲橐。④

（2）崔仁義先生釋簡文作"囚籊"，云："囚，《爾雅•釋言》：'囚，拘也。'籊，同籊，省形。《集韻•桓韻》："籊，竹杼。"⑤

（3）陳偉先生將字隸定爲"囨"，指出其所從與郭店簡中常見的"乇"

---

① 湖南省博物館、復旦大學出土文獻與古文字研究中心編纂，裘錫圭主編：《長沙馬王堆漢墓簡帛集成（肆）》，北京：中華書局，2014年，第40、205頁。

② 有關釋讀意見，參彭裕商、吳毅強：《郭店楚簡老子集釋》，成都：巴蜀書社，2011年，第239、240頁；謝明文：《讀〈清華簡（叁）〉札記二則》，《簡帛》第十二輯，上海：上海古籍出版社，2016年，第35—38頁。

③ 荆門市博物館：《郭店楚墓竹簡》，北京：文物出版社，1998年，第116頁。

④ 張光裕主編：《郭店楚簡研究•第一卷•文字編》，台北：藝文印書館，1999年，第129頁。廖名春：《郭店楚簡老子校釋》，北京：清華大學出版社，2003年，第239頁。劉釗：《郭店楚簡校釋》，福州：福建人民出版社，2005年，第19頁。

⑤ 崔仁義：《荆門郭店楚簡〈老子〉研究》，北京：科學出版社，1998年，第57頁。

旁有別,而與《緇衣》46號簡中的"卜"字相似。進而認爲"𡆥"很可能是商代甲骨文中的"𡆥"在戰國時的寫法,甲骨文中"𡆥"讀爲"咎"。故主張將郭店簡《老子》此字讀爲從"咎"得聲的"櫜",櫜、橐屬於同類物品,傳世本作"橐",與簡本作"櫜",乃是字異而義通。①

陳先生之説受到了部分學者贊同,李守奎先生《楚文字編》即將此字放入"櫜"字條,並云:"陳偉先生釋𡆥,讀櫜,可從。"②

(4)滕壬生先生《楚系簡帛文字編》將此字放入"𡆥"字條下,云:"從陳偉先生釋𡆥,讀橐。"③可見滕先生雖贊同釋"𡆥"之説,但在此字如何破讀的問題上又與陳偉先生存有分歧,他主張徑讀"橐",而非"櫜"。

(5)《古文字譜系疏證》對此字解釋説:"𡆥,從囗,毛聲,疑囮之異文,橐之省文。《玉篇》:'𡆥,古文橐字。'郭店簡𡆥,讀橐。"④

除此之外,《郭店楚簡文字編》將此字隸定爲"𡆥"而無説;⑤《戰國文字編》《出土戰國文獻字詞集釋》隸定爲"𡆥",與"櫜"字分列爲兩個字頭;⑥《戰國文字字形表》隸定爲"𡆥",收入"櫜"字條下。⑦限於體例,上述著作並未對此字進行過多解釋,但從其字頭條目與隸定意見可知,諸家多認爲其字應是從囗、從毛的,《戰國文字字形表》更是將其看作"櫜"字

---

① 陳偉:《郭店竹書別釋》,武漢:湖北教育出版社,2002年,第21頁。
② 李守奎編著:《楚文字編》,上海:華東師範大學出版社,2003年,第377頁。
③ 滕壬生:《楚系簡帛文字編》(增訂本),武漢:湖北教育出版社,2008年,第597頁。
④ 黃德寬主編:《古文字譜系疏證》,北京:商務印書館,2007年,第1468頁。據該書後記,知此部分應是何琳儀先生執筆寫作。
⑤ 張守中、張小滄、郝建文:《郭店楚簡文字編》,北京:文物出版社,2000年,第98頁。
⑥ 湯餘惠主編:《戰國文字編》(修訂本),福州:福建人民出版社,2015年,第395頁。曾憲通、陳偉武主編:《出土戰國文獻字詞集釋》第六卷,北京:中華書局,2018年,第3036頁。
⑦ 徐在國、程燕、張振謙:《戰國文字字形表》,上海:上海古籍出版社,2017年,第825頁。

異體。

綜上所述,關於⌧字的形體學界曾先後提出過多種釋讀意見,或認爲其從囗、毛聲,或認爲其内部從人,此外還有認爲内部從卜,即卜辭"囨(咎)"字等觀點。關於釋"囚"之説,廖名春先生已指出其誤,該字内部非"人"形,已成學界共識,兹不贅述。上古音橐屬見紐幽部,橐屬透紐鐸部,二者語音並不相近,滕壬生先生在陳偉先生釋橐意見的基礎上,徑讀此字爲橐,語音通假方面的證據不足,恐不可信。

否定上述兩説,剩餘觀點中認爲其字從毛或從卜的意見則各有信衆。客觀來看,⌧形内部確與戰國文字"毛""卜"兩字均有相近之處。與"卜"相近的例子,除陳偉先生舉出的郭店簡《緇衣》簡46之卜形以外,還有卜(上博四《柬大王泊旱》簡1)、卜(清華一《楚居》簡4)、卜(清華一《金縢》簡1)以及"赴"字所從"卜"旁,如赴(上博八《王居》簡7)、赴(蓮夫人鼎《銘圖》2425)、赴(曾侯丙缶《銘續》904)等爲證。① 尤其是上博簡《王居》中的"卜"旁字形,在右側折筆上增加了短橫爲飾筆,與⌧之所從完全相同。戰國文字中"毛"或作毛(中山王兆域圖《集成》10478),與⌧形内部相同。② 故而,僅從字形出發是很難確認⌧究竟該如何釋讀的,這就需要從文意、訓詁等其他角度來考察相關問題。

"橐籥"是古代冶煉礦石時所使用的鼓風設備,關於"橐籥"的得名與形制,楊寬先生曾説:

當時冶鐵煉爐上的鼓風設備是一種特製的有彈性的大皮

---

① 相關例證頗多,可參徐在國、程燕、張振謙《戰國文字字形表》"卜"(462頁)、"赴"(165頁)相關字條。
② 璽印有卜字(《古璽彙編》3278),與⌧形内部形體相同,學界或釋爲毛。但此字在印文中作姓氏,釋爲"毛"尚不能成爲定説,置此備參。

橐,這種皮囊的形式和當時一種盛物的叫作"橐"的皮囊相類似,兩端比較緊括,中部鼓起,好似駱駝峰。在這個大皮囊上有把手,用手拿起把手來鼓動,就可把空氣中的氧不斷地壓送到煉爐鼓風管中,以促進煉爐中木炭的燃燒……鼓風的大皮囊因爲形式像橐,就稱爲"橐"。那個煉爐的鼓風管的裝置,因爲和一種稱爲"籥"的管樂器差不多,就稱爲"籥"。這種鼓風設備也總稱爲"橐籥"。①

橐籥用以鼓風,壓縮皮囊即可送氣,正合於《老子》下文"虛而不屈,動而愈出"的文意。關於"橐",《説文·橐部》云:"橐,車上大橐,从橐省,咎聲。《詩》曰:'載橐弓矢。'"段注:"云車上大橐者,謂可藏任器載之於車也。《樂記》注曰:'兵甲之衣曰橐,鍵、橐言閉藏兵甲也。'《大雅》《周頌》毛傳曰:'橐,韜也。'"《廣雅·釋器》又云:"鞬、韔、橐、韜、韣,弓藏也。"從有關訓釋知,橐雖與橐同屬盛物之袋,但橐應是專指盛甲兵之袋。黄金貴先生即指出:在上古,"橐",指車上可藏弓矢和他物的大口皮袋。②因此橐、橐内涵實則有別,在表示冶煉所用鼓風皮囊這個意義上是不能通用互換的。黄金貴先生還指出"橐籥"得名所取像的"橐",乃是一種兩端封底、中間開口的橐,③並非普通形制的橐。因此陳偉先生讀 ⿴囗 爲"橐",認爲其與"橐籥"之"橐"乃同義互換,在詞義方面並不十分恰當。此外,楚文字中已發現有"橐"字作 ⿱𣥂(⿱日曰)、⿱𣥂 (《戰國文字字形表》826 頁),其字從橐省(參後文)、咎聲。那麼楚文字"橐"既然已有本字,似不必再假"囧(咎)"字爲之。

---

① 楊寬:《中國斷代史系列:戰國史》(增訂本),上海:上海人民出版社,2003 年,第 43 頁。
② 黄金貴:《古代文化詞義集類辨考》,上海:上海教育出版社,1995 年,第 162 頁。
③ 黄金貴:《"橐""橐"辨釋》,《徐州師範學院學報(哲學社會科學版)》1994 年第 1 期,第 57—59 頁。

原整理者認爲囗從乇得聲，讀爲橐，有文獻對讀方面的可靠證據，祇是此説對字形的解釋，仍有未盡之意。該字外部"口"旁的來源爲何？所表何意？是否可以直接釋爲"橐"，而不是讀爲橐？原整理者均未解答。《古文字譜系疏證》明確提出此字"疑囷之異文，橐之省文"，這是目前所見關於該字形體最爲全面的解釋，祇是這裏將字形外部的"口"旁看作橐省，僅有後世字書《玉篇》所載相關字形上的證據，並没有給出古文字學上的立論依據，故而未能得到學界的廣泛認同。事實上，通過梳理"橐"以及"橐"旁的形體源流即可知，"橐"寫作"口"形是淵源有自的。

二、古文字中的"橐""囊""㽞"等字與囗字的釋讀

在典籍古訓當中，橐、囊之别糾葛難辨，大致有：小曰橐，大曰囊；大曰橐，小曰囊；無底曰橐，有底曰囊；無底曰囊，有底曰橐等歧説。經過學界討論，目前已基本認同橐、囊的區别在於有底與無底，即無底曰橐，有底曰囊。① 黄金貴先生曾指出橐之形制還有一種兩端封底，中間開口的，此類橐宜於肩擔、畜載或車載。② 此外學界得出"無底曰橐，有底曰囊"的結論，所立論的證據多是秦漢以後的訓詁以及出土實物材料，商周古文字資料中橐、囊以及相關諸字的釋讀與辨别，由於材料的限制，往往更爲複雜。

甲骨文中有 （《合集》9430）字，字形正像兩端扎口，中腹鼓起之橐袋，學界多釋其爲橐。其中腹或增飾筆與紋理作 （《合集》9425）、 （橐

---

① 有關歧説及學界討論，參胡波：《先秦兩漢"橐""囊"演變考——基於傳世與出土文獻的綜合考察》，《勵耘語言學刊》第二十九輯，北京：中華書局，2018年，第266—275頁。

② 黄金貴：《"囊""橐"辨釋》，第57—59頁。

父辛爵《銘圖》7924)、▢(橐父乙尊《銘圖》11302)等形。除了形體上的關聯，此類字形釋爲"橐"還可得到語音上的證據。山西翼城大河口霸國墓地出土青銅器中，其國名"霸"或作▢(霸伯盂《銘圖》6229)、▢(霸伯簋《銘圖》4296)、▢(霸伯盤《銘續》949)、▢(霸伯豆甲《銘三》601)、▢(霸伯豆丁《銘續》529)等形，除去雨、月旁的部分，正是上述橐形，我們曾指出橐、霸語音相近，在這裏"橐"應是增加的聲符。① 進而可從語音的角度證明，甲骨文▢、▢等形釋爲"橐"是可信的。②

甲骨文中另有▢(《合集》21470)、▢(《合集》21121)等形，或釋爲橐，③或釋爲櫜，④或釋爲囊。⑤ 此字僅從形體來看，確實像是上部束口之袋狀物，特點在於下部有底，且内部有一豎筆與上部相連，豎筆下部加粗或綴以"口"形。過去或認爲此字内部從石，故據此釋爲"橐"，實則其内部偏旁與"石"迥異，此説立論依據有誤。一則，該字在卜辭中的用法與

---

① 馬超：《2011 至 2016 新刊出土金文整理與研究》，西南大學博士學位論文，2017 年，第 597－600 頁；又載《出土文獻釋讀與先秦史研究》，北京：科學出版社，2020 年，第 117－119 頁。

② 束、東與橐爲一字分化，學界已有論述。參李孝定等：《金文詁林附錄》，香港：香港中文大學出版社，1977 年，第 210、211 頁；劉鈞傑：《同源字典補》，北京：商務印書館，1999 年，第 58 頁；李學勤主編：《字源》，天津：天津古籍出版社；瀋陽：遼寧人民出版社，2013 年，第 543、556 頁。因此，個別族氏銘文以及地名等中的"橐"，看作"東"或"束"亦未嘗不可。

③ 李宗焜：《甲骨文字編》，北京：中華書局 2012 年，第 1263 頁。劉釗：《新甲骨文編》(增訂本)，福州：福建人民出版社，2014 年，第 386、387 頁。夏大兆：《商代文字字形表》，上海：上海古籍出版社，2017 年，第 262、263 頁。陳年福：《甲骨文字新編》，北京：綫裝書局，2017 年，第 118 頁。

④ 高明、涂白奎：《古文字類編》(縮印增訂本)，上海：上海古籍出版社，2014 年，第 1427 頁。

⑤ 季旭昇：《甲骨文字根研究》，臺北：文史哲出版社，2003 年，第 390 頁。

上述確釋的"橐"字没有交集;二則,目前也没有關於其讀音方面的可靠證據。因此僅從字形出發尚難以確釋其字,該字究竟如何釋讀,仍有待進一步研究。①

甲骨文中還有作▨(《合集》9420)、▨(《合集》9419反)等形之字,此字在橐形内部增加"▨"形偏旁,過去由於對此旁認識不足,故而有學者誤將其整字釋爲"橐"。② 後來,得益於郭小武先生對"缶"字聲符"枹(桴)"的考釋,③徐寶貴先生在此基礎上正確指出上述橐形内部的偏旁"▨",也應釋爲"枹(桴)",進而釋卜辭相關諸字爲橐,④其説可信。"橐"字還見於西周金文,作▨(四十三年逑鼎《銘圖》2505)、▨(散氏盤《銘圖》14542)之形,聲符已繁化爲缶,與後世戰國秦漢文字寫法相同。甲骨文中的"橐"字除上述寫法之外,還有一類减省的寫法,作:

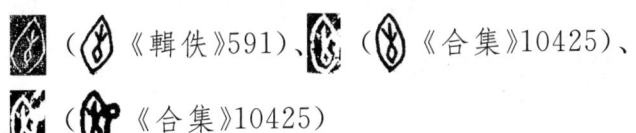(《輯佚》591)、 (《合集》10425)、
 (《合集》10425)

此類字形雖然外部"橐"旁已省略上下的扎口之形(末字增加了用以佩戴的環紐之形),但是其内部仍保留有聲符"枹(桴)",故可確認其仍即"橐"字。⑤ 這幾個减省字形的出現,也表明"橐"旁是可以省略作"口"形的。

古文字中"函"字或作▨(《合集》36481正)、▨(《花東》106)等形,本像盛矢之袋。甲骨文中有字作▨(《洹寶齋所藏甲骨》49),還有一個殘

---

① 關於此字的詳細分析可參袁倫强:《〈新甲骨文編〉(增訂本)校補》,西南大學碩士學位論文,2018年,第90—94頁。
② 李宗焜:《甲骨文字編》,第1262頁。
③ 郭小武:《古文字考釋五題》,《殷都學刊》2001年第3期,第90—91頁。
④ 徐寶貴、孫臣:《古文字考釋四則》,《考古與文物》2001年第1期,第78—79頁。
⑤ 陳年福:《甲骨文字新編》,第118頁。

字■(《龜甲獸骨文字》2.29.14),袁倫强先生認爲二者應爲一字。① 還需注意的是,甲骨文中另有■(《合集》10775)、■(《合補》6248)等字,其中第一字的左側偏旁與第二字的上部偏旁均從橐、從矢,②亦與■爲一字。部分學者曾釋■爲"函",③惜未得到較多認同。在戰國文字中"函"或作■(《古璽彙編》5269)、■(《古璽彙編》2271)、■(《陶文圖録》2.104.4)等形,其字形上部或保留扎口之形,或省去。由此觀之,將■、■釋爲"函"應是有道理的。相對於一般的"函"字常省略上下或下部扎口之形,這類字形則是將橐袋上下扎口之形均表現了出來。函字由■减省到■與■,與橐字由■减省作■與■正相類似,可以互證。

金文中的"韔"作■、■(九年衛鼎《銘圖》2496),■(三年師兑簋,《銘圖》5374)等形,《説文·韋部》:"韔,弓衣也,从韋長聲。《詩》曰:'交韔二弓。'"上述金文中韔字形體正像置弓於袋之形,袋形右上有可供佩戴的環紐,有時省略環紐作■(毛公鼎《銘圖》2518)形。戰國文字中韔字

---

① 此承袁先生告知,但他認爲■當是從矢得聲之字,與我們觀點不同。

② 劉釗《新甲骨文編》(372頁)、夏大兆《商代文字字形表》(263頁)均釋爲"橐",陳年福《殷墟甲骨文辭類編》(成都:四川辭書出版社,2021年,第6636、6637頁)釋爲"橐"。各家釋橐或橐應是受■(《合集》8186反)、■(《合集》15697反)兩字的影響,將上述從橐、從矢之字,與其看作同字。兩類字形差别明顯,恐非一字,李宗焜先生《甲骨文字編》(829頁)將其字頭分列,是更爲可取的。

③ 季旭昇:《説文新證》,臺北:藝文印書館,2014年,第559頁。李宗焜:《甲骨文字編》,第967頁。

又寫作[字形]、[字形](《曾侯乙墓竹簡》簡74、102),[字形](《望山簡》2.8)等形,與金文字形相比,除將意符"弓"改換爲聲符"長"以外,還描寫出了口袋上部的扎口之形。兩類形體對比可知,韔字口袋上部的扎口之形也是可以省略的,這並不影響相關字義的表達。

通過上述橐、圅、韔等有關諸字(含其作偏旁的寫法)的形體變化可知,本像上下扎口之形的"橐袋",完全可以省去下部和上部的扎口之形。據此反觀郭店簡《老子》甲組中的"[字形]",《古文字譜系疏證》過去將其看作橐省,毛聲應是信而有徵的,《玉篇》所收錄的橐字異體"囩",也是淵源有自的。此外,部分學者曾懷疑上述[字形]形與橐字之間的關係,① 反過來講,郭店簡《老子》甲組中橐字"[字形]"形寫法的出現,也可反證甲骨文[字形]形外部應是從橐之省形的。甲骨卜辭與郭店簡雖時代遠隔,但其字形却可互相印證。②

三、楚金文"橐"形辨析

楚文字中的"橐"除見於郭店簡以外,還見於銅器銘文。傳世有一件樊季氏孫仲羋鼎(《銘圖》2240),其時代爲戰國早期,現藏上海博物館。該鼎器、蓋同銘,共22字。過去學界多將其銘文釋作:

　　唯正月初吉乙亥,樊季氏孫中(仲)羋董,用其吉金,自作
礄沱。

---

① 袁倫強:《〈新甲骨文編〉(增訂本)校補》,第97頁。
② 戰國文字保留早期字形的寫法,學界已有論述。參郭永秉:《補說"麗""瑟"的會通——從〈君人者何必安哉〉的"㲻"字說起》,《古文字與古文獻論集續編》,上海:上海古籍出版社,2015年,第22頁。

器主自稱"樊季氏孫中(仲)羋",或有學者認爲其人乃是樊國後裔。①張志鵬先生則明確指出鼎銘之"樊"應是楚國公室的樊邑大夫的後代"以邑爲氏",②此說合於器主爲羋姓的綫索,當可信。該鼎應是一件標準的楚器。

此類銅鼎自名,他器或作"碩鼉""沰盩""宕鉈"等。據張世超、黃錦前先生研究此自名"碩鼉""宕鉈"等,應讀爲"橐駝",是形制上鼓腹圜底、腹體較深的銅鼎的專名。③ 由於鼎銘拓片中末字"沱"清晰可辨,故學者多受銅鼎自名"橐駝"的影響,釋"沱"前一字爲"碩"。④《夏商周青銅器研究·東周篇》雖釋此字爲"嗇",但仍將其與平安君鼎自名"石它",襄鼎自名"碩鼉"相聯繫。⑤ 後來黃錦前先生根據上海博物館藏樊季氏孫仲羋鼎蓋、器銘文照片 、,指出此字應是從橐石聲。同時又說"橐"也可能本有"橐"音,以前就讀作"橐",爲象形字,後增聲符"石",乃成形聲字。⑥

根據黃先生刊布的照片,我們將銘文(器銘)摹寫作 。關於其字形,黃先生還說:

---

① 陳昭容:《兩周婚姻關係中的"媵"與"媵器"——青銅器銘文中的性別、身份與角色研究之二》,《"中研院"歷史語言研究所集刊》第 77 本第 2 分,臺北:"中研院"歷史語言研究所,2006 年,第 220 頁。
② 張志鵬:《有"樊"銅器與樊國史地考論》,《南方文物》2019 年第 1 期,第 167—169 頁。
③ 張世超:《"碩鼉""橐駝"考》,《江漢考古》1992 年第 2 期,第 63—64 頁。黃錦前:《東周金文"石沱"正解》,《江漢考古》2016 年第 1 期,第 104—112 頁。
④ 中國科學院考古研究所編:《殷周金文集成釋文》第二册,香港:香港中文大學中國文化研究所,2001 年,第 292 頁。中國科學院考古研究所編:《殷周金文集成》(修訂增補本)第二册,北京:中華書局,2007 年,第 1328 頁。
⑤ 陳佩芬:《夏商周青銅器研究·東周篇》,上海:上海古籍出版社,2004 年,第 298 頁。
⑥ 黃錦前:《東周金文"石沱"正解》,第 104—112 頁;《"碩鼉"新證——兼說其與"繁""鼾""鐈"的關係》,《海岱考古》第十三輯,北京:科學出版社,2020 年,第 394—398 頁。

上古囊橐無底,內盛物品後一般用繩索在其兩端捆紮,則"簏""韇"等字上部所從,應是象繩索糾結之形。後因字形簡化,或囊變成有底,遂省其底部繩索糾結之狀……在其囊形外頸部皆有一半環結構,應是用以佩掛的環紐。

黃氏對字形的說解基本可信,還有一點需要補充說明,關於 ![字] 字的外部字形,我們認爲將其看作"橐"形之省似更加合理。一方面,目前能够確釋的"囊"字僅見於戰國文字,大致作 形,從橐、殸聲。金文數見一 字,① 常出現在賞賜物品中,辭例作"～貝",是貝的量詞。其內部從貝應是意符,此字或被釋爲囊,但由於没有語音上的材料支撑,恐怕也是不足爲憑的。② 另一方面,前文論述圅、橐、韇諸字的時候已經指出,橐旁常可省略上下的扎口之形,且這種寫法又出現在郭店簡《老子》之中。也就是説,現在的古文字資料中雖然存在"下部有底之袋"這樣一種字形,但其字尚不能確釋爲"囊",這種"有底之袋"很可能衹是"橐"形之省。所以聯繫相關字形的演變過程來看,將鼎銘此字外部偏旁看作"橐"之省形,或許是更爲有據的。③

---

① 此字又見肆簋(《銘圖》5140)、寑農鼎(《銘圖》2313)。

② "橐""囊"本爲一物之分化,亦爲一語之分化,于省吾先生主編的《甲骨文字詁林》(北京:中華書局,1999年,第1327頁)收録姚孝遂先生按語即云:"《説文》'橐'與'囊'互訓,古實本同字。""橐""囊"二者何時開始分化,也是值得思考的問題。《詩經·大雅·公劉》載"篤公劉,匪居匪康。乃場乃疆,乃積乃倉。乃裹餱糧,于橐于囊。"此處"橐""囊"對舉,二字當已有分別。

③ 此外,若認爲樊季氏孫仲羋鼎自名其字外部從囊,則在戰國文字中囊字外部從橐,而橐字又反是外部從囊,顯得頗爲奇怪。

四、結　語

　　楚文字中有兩個已經被學界釋讀出來的"橐"的字,見於郭店簡《老子》甲組和樊季氏孫仲羋鼎,分別作⿴、⿳之形。學界關於這兩字形體結構的解釋尚不夠充分透徹,尤其是沒有對其形體來源進行梳理甄辨,從而也導致了一些釋讀上的爭議。

　　通過耙梳甲骨文、金文、璽印文字等古文字資料中的"橐",以及與"橐"字相關的㢅、櫜、橐、韇諸字的形體及其演變過程,可以得知"橐"旁常可同時省略上下兩部分的扎口之形,亦可僅省略下部的扎口之形。是故楚文字中的⿴、⿳,應分別分析爲從橐省上下扎口之形、毛聲,與從橐省下部扎口之形、石聲的橐字異體。有關字形的梳理與考釋,得以將⿴、⿳兩類形納入橐字的形體源流之中,這對於加深學界關於楚文字的認知,以及更好地理解漢字的演變歷程與古文字構形規律具有一定意義。

【附記】

　　本文部分問題曾與武亞帥、袁倫强兩位先生討論交流,多有獲益,此致謝忱!

(馬超:西南大學漢語言文獻研究所、
出土文獻綜合研究中心,400715,重慶)

試論出土戰國文獻中的"而已"及其詞彙化的過程與機制

羅祥義

〔摘　要〕　出土戰國文獻中"而已"處於兩種狀態：一是"連詞＋動詞"詞組，是複合詞"而已"的初始狀態；二是複合詞"而已"，其結構緊密、意義虛化、助句子語氣，是一個語氣詞。"而已"詞彙化的過程與機制體現爲：首先，連詞"而"由連接分句逐漸連接短語，又功能細化連接詞語，形成了"而＋X"的形式；其次，由於語義的驅動使動詞"已"進入了"而＋X"構式，又由於"已"可單獨虛化爲語氣詞，所以爲"而已"的整體虛化提供了基礎；最後，經頻繁使用、位置固定、逐漸融合、整體虛化等過程，"而＋已"演變成複合語氣詞"而已"。

〔關鍵詞〕　而已　詞彙化　過程　機制

出土戰國文獻中，"而已"的用例如下（釋文用寬式，全文同）：①

1. 道四述也，唯人道爲可道也，其三述者，道之而已。

（《上博簡（一）·性情論》8）

2. 子夏曰："其在詩也，美矣！宏矣！大矣！盡〔於此而已

---

①　文中簡帛文獻釋文主要參考馬承源主編：《上海博物館藏戰國楚竹書》一——九册，上海：上海古籍出版社，2001—2012年；李學勤主編：《清華大學藏戰國竹簡》一——八册，上海：中西書局，2011—2018年；荆門市博物館：《郭店楚墓竹簡》，北京：文物出版社，1998年；劉釗：《郭店楚簡校釋》，福州：福建人民出版社，2005年；陳偉主編：《里耶秦簡牘校釋》第一卷，武漢：武漢大學出版社，2012年；韓自強：《阜陽漢簡〈周易〉研究》，上海：上海古籍出版社，2004年；甘肅省文物考古研究所編：《天水放馬灘秦簡》，北京：中華書局，2009年；魏啓鵬、胡翔驊：《馬王堆漢墓醫書校釋》，成都：成都出版社，1992年。

乎]？" 　　　　　　　　　　　（《上博簡(二)·民之父母》9—10）

3. 善者果而已，不以取强。　　　（《郭店簡·老子甲篇》7）

4. 道四術，唯人道爲可道也，其三術者，道之而已。
　　　　　　　　　　　　　　　（《郭店簡·性自命出》14—15）

5. 治民非懷生而已也，不以嗜欲害其義。
　　　　　　　　　　　　　　　（《郭店簡·尊德義》25—26）

6. 君子不啻明乎民微而已，又以知其一矣。
　　　　　　　　　　　　　　　（《郭店簡·六德》38—39）

7. 天下之道二而已，一者守之之器，一者攻之之器。
　　　　　　　　　　　　　　　（《清華簡(捌)·天下之道》1）

8. □何日而已□　　　　　　　　（《里耶秦簡》8—2530）

可見，"而已"多見於楚簡，其中上博簡《性情論》與郭店簡《性自命出》例子内容相同。楚簡中的"而已"，張鈺先生認爲是語氣詞，用法大致與傳世文獻相同；[1]李明曉先生認爲是語氣詞，表達陳述語氣；[2]張玉金先生也認爲是語氣詞，並指出其出現於出土戰國文獻中，功能是將事態往小處説，表示限止語氣。[3] 秦簡中"而已"僅見一例，陳迎娣女士認爲是語氣詞的連用，表達陳述語氣。[4] 綜上，關於"而已"語義表達方面的研究頗豐，而關於其性質、形成過程等方面的探討却少有涉及，本文擬從靜態和動態兩個角度，對此問題進行一次試探。

---

[1] 張鈺：《〈郭店楚墓竹簡〉虚詞研究》，首都師範大學碩士學位論文，2004年，第38頁。

[2] 李明曉：《戰國楚簡語氣詞研究》，《簡帛語言文字研究》第三輯，成都：巴蜀書社，2008年，第65—89頁。

[3] 張玉金：《出土先秦文獻語氣詞的發展》，《語言研究》2015年第1期，第37—44頁。

[4] 陳迎娣：《秦簡語氣詞研究》，《牡丹江師範學院學報(社會科學版)》2014年第5期，第91—93頁。

一、出土戰國文獻中"而已"的靜態描寫與性質探討

本節主要對"而已"的形式特徵、句法特徵、語義特徵、語音特徵等方面進行靜態的描寫,力圖爲"而已"詞彙化的研究提供客觀的依據。

(一)形式特徵

其一,出土戰國文獻中"而已"皆以緊密結合的形式出現,未見"而 X 已"(X 代表任意字詞)的形式。文獻中有"而＋X＋動詞"的形式,如《清華簡(貳)·繫年》36"狄甚善之,而弗能入",《郭店簡·尊德義》19"可教也而不可疑也"等,這些"而"與動詞之間可插入否定副詞及能願動詞,與上舉"而已"在形式上形成鮮明對比。可見,出土戰國文獻中"而已"與"連詞＋動詞"在形式上有别。但是,從語義層面看,"而已"理解爲"連詞＋動詞"(而後停止)也無不可。

其二,出土戰國文獻中"而已"可與語氣詞共現,形成"而已＋語氣詞"的形式。如上舉例 2、5,傳世文獻如《論語·里仁》"夫子之道,忠恕而已矣",《禮記·樂記》"非聽其鏗鏘而已也"等。然而,文獻中"已"可單獨煞尾,如《上博簡(四)·曹沫之陳》4"今天下之君子既可知已";也可搭配其他語氣詞煞尾,如《郭店簡·語叢(四)》27、27 背"致而無及也已"。"而"也可作語氣詞煞尾,如《論語·微子》:"已而已而！今之從政者殆而！"朱熹《集注》:"而,語助辭。"這樣,似乎也可將"而已＋語氣詞"看成"而＋已＋語氣詞"三個語氣詞連用的形式。

綜上,從形式上無法完全判斷"而已"是詞組還是詞,仍需其他條件來考量。

(二)句法特徵

其一,出土戰國文獻中"而已"多用於句末。有的用於單句句末,如上舉例 1、2、4、8;有的用於複句的分句句末,如例 3 用於因果複句前一分

句句末,例 5 用於並列複句前一分句句末,例 6 用於遞進複句前一分句句末,例 7 用於解説複句前一分句句末。固定、頻繁使用於單句或複句分句句末,是語氣詞的重要句法特徵。

其二,出土戰國文獻中"而已"可以不獨立充當句法成分。此舉例 6 的前一分句進行一次語法成分分析,可標記作:

<u>君子</u>[不][當]明乎民微而已。

可見"君子"作主語,"不"和"當"作狀語,"明"作謂語,"民微"作賓語,句法結構完整。"乎"和"而已"無法獨立劃作句法成分,"乎"附於謂語"明",表句中語氣停頓和話語信息標記,"而已"附於動賓結構"明民微",助整個句子語氣。上舉例 1、2、3、4、5、6、7 的"而已"皆不作獨立的句法成分。

其三,出土戰國文獻中"而已"前所接之謂語的類型不單一。按性質可分爲動詞性謂語(如例 1、2、4、5、6)、形容詞性謂語(如例 3)和名詞性謂語(如例 7、8)。雖然"而已"僅見 8 例,但其前所接之謂語已見三種類型,且内部結構形式也較爲豐富,説明這些並不是個例,而應該是文獻中的普遍現象。

其四,出土戰國文獻中"而已"所在句類類型不單一。如上舉例 1、3、4、5 爲判斷句,例 6、7 爲叙述句,例 2、8 爲問句(反問、詢問)。就目前所見 8 條語料而言,"而已"所在句類就已跨三種類型,可見在我們看不到的語料中,應該更爲豐富。

綜上,出土戰國文獻中的"而已"已經具備了語氣詞的一般句法特徵。

(三)語義特徵

出土戰國文獻中,有的"而已"已經不再具有實在的詞彙意義,而更傾向於對語調、語氣的表達以及情態的描摹。

如上舉例 1、4 大致是説:"道"可分爲四條路,祇有人道可遵循施行,其他三條路衹能説説而已。① 從語境上推斷,"而已"顯然不能理解爲"然後停止",也就是説此"而已"不具備"連詞+動詞"的語義特徵。仔細揣摩文意,"道四術"爲一個事實前提,按理説四條路都可以走,但後面接着説"唯人道爲可道也",即强調了其中"人道"是唯一可以施行的道路,也就意味着其他三條是不可施行的。接下來又説"其三述者,道之而已",即表達了作者對另外三條道路的看法:把它們限止在"道之"這種情況之中。因此,此句"而已"無詞彙意義,它僅僅是將"把事態往某種更小的範圍限止"的語氣表達出來,同時又透露出一種"與前述事件不同"的意味。由此觀之,此處"而已"已經具備了句末語氣詞的表達功能。

又如例 2 的"而已"將"其在詩也"的結果限制於"美矣!宏矣!大矣!"(即"於此"),具有排除其他情況的意味,前邊還搭配了範圍副詞"盡",更加强調了這種"限止"的語氣;例 3 的"而已"是將"善者"(善用兵的人)對於用兵一事,限止在"果"(衹求達到救濟危難的目的)②這一範圍內,除此之外別無其他;例 5"而已"與否定副詞"非"搭配,意即"治民"的本質不應限止在"懷生"的情況下;例 7 是將"天下之道"的種類限止在"二"種情況。

值得注意的是,傳世文獻中語氣詞"而已"常與範圍副詞搭配,而上舉例 2"盡……而已"、例 6"不啻……而已,又以……"皆屬此類。例 6 大意是"君子不僅明瞭民衆之疾苦,還知道其某一個方面"③,"而已"將"君子明白的道理"限止於"民衆之疾苦"的情況,此時,"而已"不能直接翻譯

---

① 劉釗:《郭店楚簡校釋》,第 95 頁。
② 陳鼓應:《老子注譯及評介》,北京:中華書局,2015 年,第 176 頁。
③ 劉釗:《郭店楚簡校釋》,第 119 頁。

爲現代漢語"罷了"①。與範圍副詞"不啻"的搭配,使得"而已"除表達"除了這種情況再無其他"的語氣之外,還有了"認定的數量不够"②及"程度不够"的意味。這裏的"而已"用在遞進複句"不啻……,又以……"的前一分句末,更像是連詞"而"與動詞"已"的組合,可翻譯爲"不僅……就行了(就停止了)",但不可否認它也確實已經具備了語氣表達的作用。從這個層面來看,此時的"而已"或許恰是"連詞+動詞"逐漸虛化爲語氣詞的過程的體現。

接下來談里耶秦簡中的"何日而已"。其前後辭殘,似乎可以有兩種解釋:一是看作"連詞+動詞",意即"到哪一天而後停止";另一是看作語氣詞,即將前面所説的事件限止於"何日"的範圍之内。可見,由於上下語境的缺乏,兩種説法似乎都能講得通,從語義層面我們很難判定它的性質。

綜上,從語義層面看,出土戰國文獻中大多數"而已"不能完全被看作"而"與"已"的組合,拆開後的"而"或"已"不完全具有"而已"的局部意義特徵。這些"而已"無實在的詞彙意義,更多表達語句語氣,具有語氣詞的功能特徵。

---

① 前輩學者多認爲語氣詞"而已"相當於現代漢語的"罷了"。如楚永安先生認爲"而已"表限止語氣,可與表限止的副詞配合使用,可以譯爲"罷了";(見楚永安:《文言複式虛詞》,北京:中國人民大學出版社,1986年,第69頁。)又如楊伯峻、何樂士兩位先生認爲"而已"在陳述句中表示"不過如此""罷了""沒有別的"等語氣;(見楊伯峻、何樂士:《古漢語語法及其發展(下)》(修訂本),北京:語文出版社,2001年,第857頁。)再如《古代漢語虛詞詞典》認爲"而已"由連詞"而"和動詞"已"組成,可譯爲"罷了"或仍作"而已"。(見中國社會科學院語言研究所古代漢語研究室編:《古代漢語虛詞詞典》,北京:商務印書館,1999年,第125頁。)雖然方緒軍先生認爲現代漢語中語氣詞"罷了"和"而已"在句法形式和語氣意義方面都有差別,(見方緒軍《語氣詞"罷了"和"而已"》,《語言科學》2006年第3期,第49—54頁。)但我們這裏的意思是,假如要用現代漢語來翻譯"而已",那麼"罷了"是最好的選擇,至於它們之間的差別,則暫不考慮。

② 方緒軍:《語氣詞"罷了"和"而已"》,第53頁。

(四)語音特徵

古人有所謂急聲、慢聲之說,南宋鄭樵《通志·六書略·論急慢聲諧》謂:"急慢聲諧者,慢聲爲二、急聲爲一也,梵書謂二合聲是矣。"其中舉例談到"而已"與"耳"的關係:"慢聲爲'而已',急聲爲'耳'。"又《晏子春秋·內篇·雜下》:"晏子相景公,食脫粟之食,炙三弋、五卵、苔菜耳矣。"王念孫按:"'耳矣'者,'而已矣'也。疾言之則曰'耳矣',徐言之則曰'而已矣'。凡經傳中語助用'耳'字者,皆'而已'之合聲也。"① 又《說文·耳部》:"耳,主聽者也。"段玉裁注:"凡語云'而已'者,急言之曰'耳'。"② 又王引之《經傳釋詞》:"耳,猶'而已'也,《論語·陽貨篇》'前言戲之耳',是也。"③ "而"和"耳"上古音皆屬日母之部,"已"屬餘母之部,以反切原理而論,用"而已"注"耳"之音是符合音理的。出土戰國文獻中的語氣詞"而已"也應與傳世文獻一樣,在語音上是一個連貫的整體。

二、從出土文獻語料看"而已"詞彙化的過程與機制

關於"詞彙化"這一概念,國內外學者因角度不同而理解也有不同:有的從語義的角度,認爲"詞彙化"是意義體現爲詞、語素或習語的過程;有的從構詞法的角度,認爲"詞彙化"即原來由一個短語或語法表達的概念或意義逐漸發展成爲由一個單詞表達的過程;還有的從認知的角度,認爲"詞彙化"即將相關概念整合成詞彙(包括單純詞、派生詞或複合詞)的過程。④ 我們綜合前人觀點,從句法構式及語義兩方面進行研究,即研究"而已"由自由詞組發展成爲一個固定詞語的過程。

---

① (清)王念孫:《讀書雜志》,南京:江蘇古籍出版社,2000年,第551頁。
② (清)段玉裁:《說文解字注》,北京:國家圖書館出版社,2022年,第2375頁。
③ (清)王引之:《經傳釋詞》,南京:江蘇古籍出版社,2009年,第73頁。
④ 陳建生:《認知詞彙學新視野》,北京:中國書籍出版社,2020年,第153—154頁。

(一)"而"的綫索

《説文》:"而,頰毛也。象毛之形。"《漢語大字典》:"凡麟毛之下垂者都稱而。"① 可見"而"最初記録的是名詞。但後來它主要記録虛詞,從文字職用角度看,當爲假借,也就是説"而已"中"而"的來源,應該與其本義没有直接的聯繫。

金文中"而"可作代詞,如:②

9. 其萬福純魯,龢協而有事,俾若鐘鼓……

("叔夷鐘",春秋晚期)

10. 汝不墮夙夜,宦執而政事。 ("叔夷鐘",春秋晚期)

作連詞的用例最多,用法也最豐富,它常用於複句的分句句首,連接分句與分句,表達複雜的句間邏輯關係,如:

11. 戎獻金于子牙父百車,而錫魯殿敖金十鈞……

("屍敖簋蓋",西周中期)

12. 荆邦既削,而天命將虞。 ("曾侯臧鐘",春秋晚期)

13. 余徐王旨退之孫,足剰次䈞之元子,而乍䉊夫叴之貴甥。

("之乘辰鐘",戰國早期)

除連接分句外,它還用於小句中,連接非體詞性詞組(短語),如:

14. 閉料于□外,甑釜而車人制之,而以發退汝關人。

("子禾子釜",戰國早期)

15. 猶迷惑於子之而亡其邦,爲天下戮。

("中山王䁐鼎",戰國中期)

16. 事少如長,事愚如智,此易言而難行也。

("中山王䁐鼎",戰國中期)

---

① 漢語大字典編輯委員會編:《漢語大字典》,武漢:崇文書局;成都:四川辭書出版社,2010年,第3002頁。
② 文中金文釋文主要參考吴鎮烽:《商周青銅器銘文暨圖像集成》,上海:上海古籍出版社,2012年;《商周青銅器銘文暨圖像集成續編》,上海:上海古籍出版社,2016年。

簡帛文獻中,"而"連接詞組(短語)的用例最爲豐富,如:

17. 堯舜之王,利天下而弗利也。(《郭店簡·唐虞之道》1)
18. 故上不可以褻刑而輕爵。　　(《郭店簡·緇衣》28)
19. 武王陟,商邑興反,殺三監而立彔子耿。

(《清華簡(貳)·繫年》13)

20. 先人有言:能其事而得其食,是名曰昌。

(《清華簡(伍)·湯處於湯丘》6)

21. 乘其欲而緄其過。　　(《清華簡(陸)·管仲》19)

連詞"而"由句首向句中轉移,增加了"而"與詞語、詞組(短語)的搭配機會,這就使得"而"逐漸具備構詞能力,從而爲"而已"這個搭配的產生提供契機。我們認爲,這個階段是"而已"詞彙化的源頭。

接着,用於句中的"而"不但可以接非體詞性詞組(短語),還逐漸與動詞、形容詞或動用的名詞相接,實現了由"詞組+而+詞組"向"而+X"形式的發展,即產生了"而+Vi""而+Vt""而+A""而+N(V)(名詞動用)"等形式。這種情況下,"而"後的動詞不帶賓語,"而"多表順承、遞進、轉折、因果、假設、修飾等關係,句子的重心往往落在後面的"而+X"上,如:

22. 景之賈與舒子共止而死。 (《清華簡(貳)·繫年》128)
23. 濕燥復相輔也,成歲而止。

(《郭店簡·太一生水》3—4)

24. 未言而信,有美情者也。　　(《郭店簡·性自命出》51)
25. 同悦而交,以德者也。　　(《郭店簡·性自命出》58)
26. 政其然而行,治焉爾也。　　(《郭店簡·語叢(一)》59)
27. 君子以此橫於天下,繫耳而聽之,不可得而聞也;明目而視之,不可得而見也,而得氣塞於四海矣。

(《上博簡(二)·民之父母》6—7)

"而+X"形式的產生,是連詞"而"功能逐漸精細化的結果,也是爲了滿足複雜語義表達的需要。這種形式的頻繁使用,①爲"而已"的詞彙化奠定了形式基礎,也是"而已"詞彙化的關鍵。但是,當 X 爲 Vt 時,其帶賓語能力還很強,有時還會帶上賓語,於是又可形成"詞組+而+詞組"的搭配,這樣的 X 的可替換性很大,穩固性不強。僅在 X 不帶賓語的情況下,"而+X"才有逐漸融合的可能。其中一部分 X 具有虛化的傾向,"而+X"則經過一系列複雜演變才成爲固定詞語,在文獻中可見其發展痕迹:

28. 猶迷惑於子之而亡其邦,爲天下戮,而況在於少君乎。

("中山王譻鼎",戰國中期)

29. 龜筮猶弗知,而況於人乎? (《郭店簡·緇衣》46)

30. 桀不易禹民而後亂之,湯不易桀民而後治之。

(《郭店簡·尊德義》5—6)

31. 志而後吉,病者不死。 (《阜陽漢簡·周易》358)

我們猜測,語氣詞"而已"的詞彙化過程應與這種連詞相類。

(二)"已"的綫索

"已"字從"巳"字分化而來,《玉篇·巳部》:"已,止也。"《廣韻·止韻》:"已,止也。"可見"已"較早爲停止之義。《詩經·鄭風·風雨》:"風雨如晦,雞鳴不已。"鄭玄箋:"已,止也。"出土文獻中"已"既可作動詞,如:

32. 萬年無期,眉壽毋已。 ("郳子䚡自鎛",春秋晚期)

又可作副詞,《集韻·志韻》:"已,卒事之辭。"應是由動詞虛化而來,如:

33. 丁亡:盜女子殹,在東方。其疵在足,已南矣。不得。

(《放馬灘·日書甲種》25 壹)

---

① 出土戰國文獻中"而+X"形式搭配大概有:而行、而立、而事、而亡、而成、而求、而改、而治、而竭、而藏、而擇、而朝、而已、而問、而爲、而畏、而聞、而聽、而笑、而耕、而後、而交、而生、而得、而廢、而死、而盟、而出、而親、而言、而信、而知、而貴、而冒、而學、而長、而伸、而坐、而始、而疑、而會、而入、而傲、而益、而取、而樂、而歌、而悦、而冶、而止、而蒸、而去、而食、而還、而謀、而驕、而肆、而專、而遲、而惕、而遠、而徒、而和、而偶等種類,連詞"而"幾乎能夠搭配所有的動詞、形容詞和名動詞。

在非語氣詞用法的各種"已"中,與語氣詞"已"關係最爲密切的當是動詞"已"。張玉金先生指出:"語氣詞'已'是由'完畢'義的動詞'已'虛化而成的。它表示肯定語氣,同時表示所述事件已經成爲事實。"①古漢語中,動詞"已"所具有的"完畢""停止"等義,與語氣詞"已"所表達的"限止"語氣相似,祇不過前者意義實,後者意義虛而已。出土文獻中也可見其痕迹,如:

34. 今天下之君子既可知已。

(《上博簡(四)·曹沫之陳》4)

35. 天下皆知美之爲美也,惡已;皆知善,此其不善已。

(《郭店簡·老子(甲本)》15)

36. 納之或納之,致之或致之,致而無及也已。

(《郭店簡·語叢(四)》27、27背)

37. 秦之戍人使人歸告曰:"我既得鄭之門管已,來襲之。"

(《清華簡(貳)·繫年》46)

然而,已虛化爲語氣詞的"已"前面不能再接連詞"而",似乎可以推斷,語氣詞"而已"的虛化與語氣詞"已"當是兩條路徑。但反過來看,"而＋X"搭配中,大部分都没有發展爲固定詞語,仍然以詞組的形式繼續使用,這也許跟X的性質有關:"已"由動詞虛化爲副詞、語氣詞,説明"已"有虛化的能力與基礎,當X爲"已"的時候,"而＋已"發展爲語氣詞就有了可能。②

---

① 張玉金:《出土戰國文獻虛詞研究》,北京:人民出版社,2011年,第630頁。
② 李小軍先生也認爲"已"的虛化在"而已"的形成過程中起着重要作用:"已"語義的弱化,會導致連詞"而"連接功能和語義的弱化,而兩者語義的弱化一旦達到一定的程度,邊界就會開始模糊,結合逐漸緊密並融合(fusion),最後"而已"被重新分析爲一個複合語氣詞。(見李小軍:《語氣詞"已""而已"的形成、發展及有關問題》,《漢語史學報》第九輯,上海:上海教育出版社,2010年,第64頁。)

（三）"而已"的演變路徑與機制

經語料摸排與分析，我們認爲，"而已"的詞彙化應該不是從"而＋小句"直接開始，它的語言基礎應是"而＋X"搭配的頻繁使用。從語料上看，"而＋X"在不斷的使用過程中，形成了三種演變路徑：一是"而＋X"中X保持動詞詞性，"而＋X"作詞組；二是"而＋X"中動詞X逐漸虛化，"而＋X"變成虛詞；三是"而＋X"中X本爲連詞，"而＋X"作複音連詞。在這三條路徑中，"而已"的發展屬於第二條："已"進入了"而＋X"構式以後，經歷了頻繁使用①、位置固定、逐漸融合等過程，爲適應語義環境而逐漸虛化，並發展成爲固定詞語，其過程與機制可描繪如下：

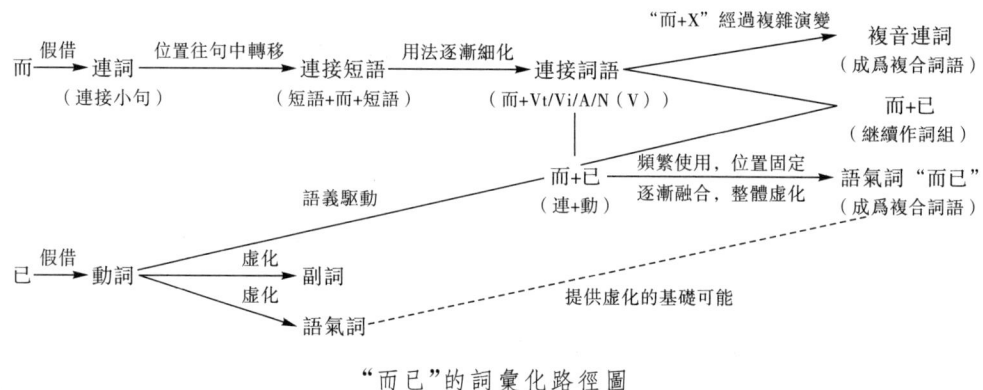

"而已"的詞彙化路徑圖

在這條演變路徑中，"而＋X"構式的出現是關鍵，使"而＋已"的結合成爲可能。這時"而＋已"可選擇上述第一條或第二條發展路徑，但不管它如何選擇，語言現實中它與"而已"仍然是並行的，由於語義作用的存在，使得同形的它們不至於產生混亂，有條不紊地用於各自的語境中。如《莊子·知北遊》："人生天地之間，若白駒之過隙，忽然而已。"《莊子·養生主》："已而爲知者，殆而已矣。"又如里耶秦簡中的"何日而已"，再如

---

① 據李小軍先生統計，《十三經》中"而已"共有531例，占"已"出現次數（2111）的25.15%。（見李小軍：《語氣詞"已""而已"的形成、發展及有關問題》，第65頁。）可見，頻繁使用是"而已"詞彙化的重要過程。

戰國秦漢醫藥文獻亦可見其痕迹：

38.癲疾：先侍白雞、犬矢。發，即以刀劙其頭，從顛到項，即以犬矢［濕］之，而中劙雞□，冒其所以犬矢濕者，三日而已。已，即熟所冒雞而食之，□已。

（《馬王堆漢墓帛書·五十二病方·癲疾》）

39.已，取汁以□□□布□□漬，汁盡而已。□用之，濕□□操玉策，則馬驚矣。　（《馬王堆漢墓帛書·養生方》）

40.夫治民與自治，治彼與治此，治小與治大，治國與治家，未有逆而能治之也，夫惟順而已矣。

（《黄帝内經·靈樞經·師傳》）

41.而隧者，五藏六府之大絡也，迎而奪之而已矣。

（《黄帝内經·靈樞經·玉版》）

上文已經提到，"而已"所表語氣意義，當是受到了動詞"已"所表意義的影響，即動詞"已"的停止、完畢等意義與語氣詞"而已"所表"將事態往小的方面説"的限止語氣之間是有内在聯繫的。董秀芳先生指出："普通短語在發生詞彙化以後意義變化的特點是：核心意義保留，次要意義模糊。"① 從"而＋已"到"而已"，即是如此：動詞"已"的意義保留（祇不過已經虛化），連詞"而"的意義模糊。可見，動詞"已"在"而已"詞彙化過程中起到的作用大概是：奠定"而已"的意義基礎；決定"而已"所表語氣（情感）的傾向；提供"而已"整體虛化的基礎與可能。

三、結語

綜上所述，出土戰國文獻中"而已"處於兩種狀態：一是"連詞＋動

---

① 董秀芳：《句法構式與詞彙化》，《歷届語言學前沿論壇精選文集》，北京：北京語言大學出版社，2015年，第343頁。

詞"詞組,是複合詞"而已"的初始狀態;二是複合詞"而已",其位置固定、結構緊密、意義虛化,不獨立充當句法成分,助句子語氣,是一個語氣詞。

"而已"詞彙化的過程與機制主要體現爲:首先,連詞"而"由連接分句逐漸向連接詞組(短語)發展,後用法逐漸細化,開始大量連接詞語,形成了"而+X"形式,此階段是"而已"形成的關鍵。其次,由於語義的驅動,動詞"已"進入了"而+X"中,它們頻繁搭配使用,逐漸形成了"而+已"構式。再次,"已"單獨虛化爲語氣詞,爲"而已"的整體虛化提供了基礎與可能。最後,"而已"經過頻繁使用、位置固定、逐漸融合、整體虛化等過程,最終形成複合語氣詞"而已"。

本文僅僅從句法構式及語義層面去探討此問題,漢語詞彙化問題涉及因素衆多,今後的研究應該把問題看得更全面、更深入一些。

【附記】

承蒙同門好友武亞帥君提出寶貴修改意見,謹致謝忱!

(羅祥義:山東大學文學院語言科學實驗中心,250100,濟南)

古璽文字考釋三則

張 飛

〔摘 要〕 文章是考釋古璽文字的三則札記。一是認爲▨應從吳振武先生釋爲"病",但"病"當是"疳"字換用聲符之異體。二是認爲▨可分析爲从"俶"、从"土","耳"聲,應是"珥"之繁體,可能用作姓氏"耳"。三是認爲▨藉用了璽印上部的邊框以及邊框上部的飾筆,可釋爲"忎",讀爲"忌",意爲"畏懼"或"恭敬";和其他單字箴言璽"慎""恭""敬"一樣,都是古人對自己的規勸告誡。

〔關鍵詞〕 古璽 考釋 古文字

一

《古璽彙編》著録一枚編號爲 3190 的三晉陽文私璽,如下圖所示:①

---

* 本文是國家社科基金重點項目"殷墟甲骨文與戰國文字結構性質的比較研究"(16AYY011)和教育部國家語委甲骨文等古文字研究與應用專項重大項目"戰國文字譜系疏證"(YWZ-J013)的階段性成果。小文寫作後蒙楊澤生老師、徐在國老師審閲指正,謹致謝忱! 文中若有錯誤,由本人負責。

① 羅福頤主編,故宫博物院編:《古璽彙編》,北京:文物出版社,1981年,第163、300頁。

該璽文字有些許殘泐,我們對其稍加處理,作:

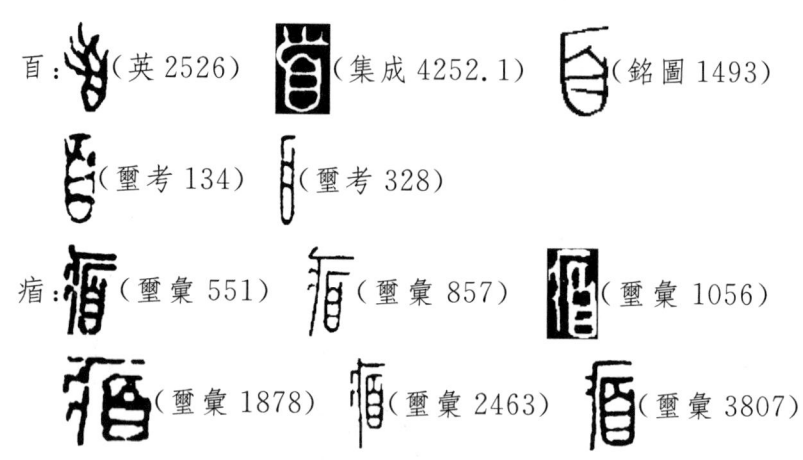

關於,整理者釋爲"痟",①學者多從之。② 吴振武先生在考釋《古璽彙編》2331號"去病"合文時,將1552號和本璽原釋"去痟"也改釋爲"去病",認爲"去病"與古璽習見的"去痟""去疾""去病"一樣,是古人常用的名字。③ 我們認爲吴先生將 釋爲"病"是可信的,但"病"當是"痟"字换用聲符之異體。

該字从"疒"没有什麽疑問,而所从 到底是"百"還是"丙"? 我們先看古文字"百"及从"百"之字的寫法:

百: (英 2526)　 (集成 4252.1)　 (銘圖 1493)

(璽考 134)　 (璽考 328)

痟: (璽彙 551)　 (璽彙 857)　 (璽彙 1056)

(璽彙 1878)　 (璽彙 2463)　 (璽彙 3807)

---

① 羅福頤主編,故宫博物院編:《古璽彙編》,第163、300頁。
② 湯志彪:《三晉文字編》,北京:作家出版社,2013年,第1181頁;《晉系璽印彙編》,北京:學苑出版社,2020年,第1864頁。徐暢:《古璽印圖典》,天津:天津人民美術出版社,2016年,第345頁。曾憲通、陳偉武主編,王輝、陳鴻編撰:《出土戰國文獻字詞集釋》第七卷,北京:中華書局,2018年,第3746—3747頁。黄德寬、徐在國主編,徐在國、程燕、張振謙編著:《戰國文字字形表》,上海:上海古籍出版社,2017年,第1090頁。
③ 吴振武:《古文字中的借筆字》,《古文字研究》第二十輯,北京:中華書局,1999年,第311—312頁。

道：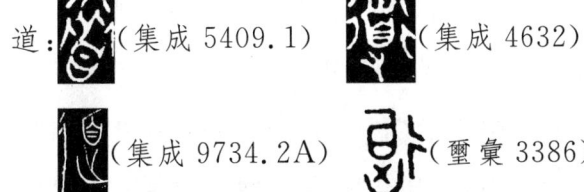

可見 ⊠ 與上舉"百"在形體上還是有些差距的。而古文字"囟"及從"囟"之字或作如下之形：

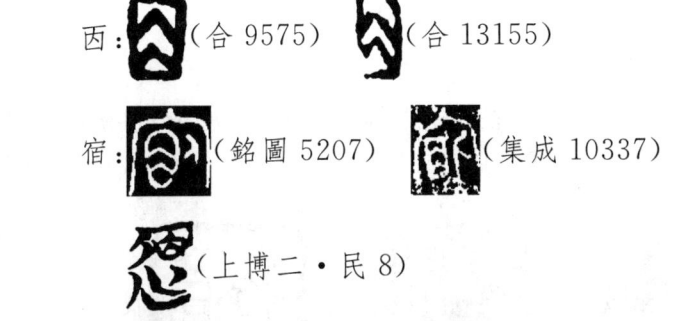

顯然，⊠ 與上舉"囟"相同。故 🩺 確實應釋為"疷"。"疷"不見於後世字書，按照漢字結構一般規律，其應是形聲字，可分析為从"疒"，"囟"聲。

"首""百"古同。上古音"囟"屬透紐侵部，"首"屬書紐幽部。① 二者聲紐同屬舌音，發音部位相同，韻部對轉，讀音很近。關於"幽侵對轉"，裘錫圭先生有過很好的說明。② 戰國文字中也有"幽侵對轉"的現象，如沈培先生指出楚簡文字"䏧"是雙聲符字，而上古音"尋"屬侵部，"由"屬

---

① 陳復華、何九盈：《古韻通曉》，北京：中國社會科學出版社，1987年，第145、316頁。

② 裘錫圭：《從殷墟卜辭的"王占曰"說到上古漢語的宵談對轉》，《中國語文》2002年第1期，第70—76頁。

幽部。① 再者,傳世文獻中有"丙"與"百"讀音相近的例證。如《說文》中"丙"字有三個讀音,其一就是"讀若三年導服之導"。"導"從道聲,"道"從首聲。② 此外,傳世古書中也有"丙""百"通假的例證。如"首"聲系可與"冥"聲系通假,③而唐蘭先生指出"丙"是"簟"之初文,④"簟"從冥聲。所以,"痐"當是"痛"字换用聲符之異體。

二

《倚石山房藏戰國古璽》著録一枚編號 132 的三晉銅質陽文私璽,如下圖所示:⑤

整理者釋作"□瘵",未對 進行考釋。⑥ 我們認爲 可分析爲从"玨"、从"土","耳"聲,當是"珥"之繁體,可能讀爲"耳",用作姓氏。

古文字"玨"及从"玨"之字或作如下之形:⑦

---

① 沈培:《上博簡〈緇衣〉篇"悆"字解》,謝維揚、朱淵清主編:《新出土文獻與古代文明研究》,上海:上海大學出版社,2004 年,第 136 頁。
② (清)朱駿聲:《説文通訓定聲》,北京:中華書局,2016 年,第 271 頁。
③ 張儒、劉毓慶:《漢字通用聲素研究》,太原:山西古籍出版社,2002 年,第 136 頁。
④ 唐蘭:《古文字學導論》,上海:上海古籍出版社,2016 年,第 251 頁。
⑤ 吴硯君:《倚石山房藏戰國古璽》,杭州:西泠印社出版社,2019 年,第 169 頁。
⑥ 吴硯君:《倚石山房藏戰國古璽》,第 169 頁。
⑦ 甲骨文"玨"爲陳劍先生釋。參陳劍:《說殷墟甲骨文中的"玉戚"》,《"中研院"歷史語言研究所集刊》第 78 本第 2 分,臺北:"中研院"歷史語言研究所,2007 年,第 407—434 頁。

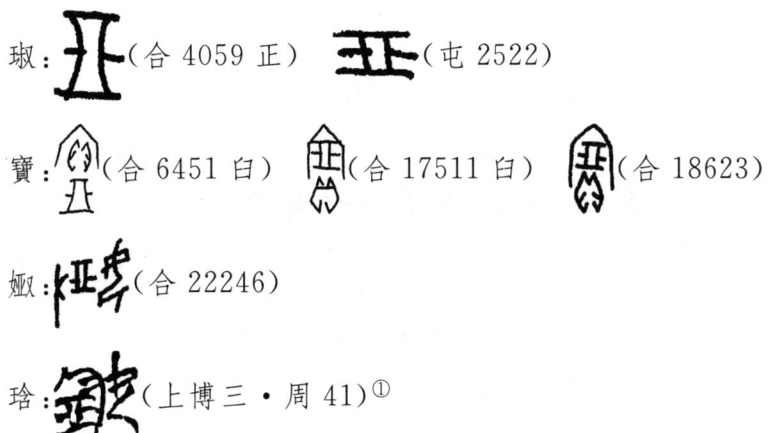

  👁所從 👁 與上舉"㺇"在形體上基本相同。而且甲骨文"㺇"或作 👁（合34562），其與 👁 的兩個豎筆都呈現相交之勢。所以， 👁 當釋爲"㺇"。 👁 右側的 👁 即"土"。 👁 可以隸作"𤣩"。"𤣩"不見於後世字書，根據漢字結構一般規律，其應是形聲字，可分析爲從"㺇"、從"土"，"耳"聲，當是"珥"之繁體。"珥"指古代的耳飾，多用珠玉製成。《玉篇》玉部："珥，珠在耳。""珥"基本從"玉"，而"𤣩"從"㺇"、從"土"，二者怎麽是異體關係呢？這可以得到解釋。

  首先，陳劍先生指出，"㺇"與"玉"是義近意符，可以通用。② 其次，"土"和"玉"強調"珥"的材質，能够通用。漢字中有"土""玉"作意符通用的例子，如"壐"字既有從土的寫法，也有從玉的寫法。此外，考古文物中有陶質耳飾的發現。鄧聰先生即指出，河姆渡文化遺址出土的某些原先被認爲是陶紡輪的一端大、一端略小、細腰、形同鼓、中有穿孔的東西應改稱爲"耳栓"，指填塞在耳垂穿孔中的飾物。③ 汪少華先生從其説，並認

---

 ① 此蒙袁金平老師提示，謹致謝忱！
 ② 陳劍：《説殷墟甲骨文中的"玉戚"》，第 410 頁。
 ③ 鄧聰：《從河姆渡的陶質耳栓説起》，《河姆渡文化新論：海峽兩岸河姆渡文化研討會論文集》，北京：海洋出版社，2002 年，第 134—145 頁。

爲這個"耳栓"可能就是文獻中"瑱"的原形,而"瑱"應理解爲"作耳飾的玉或石",不可解釋爲"用玉或石做的耳塞"。① "珥""瑱"爲一物。《説文》玉部:"珥,瑱也。""陶"就是黏土燒製而成。《禹誥》:"陶者,土之器也。"② 所以,"珥"之異體"㺷"从"土"在構形上是很自然的。

該璽中的"珥"字用爲姓氏,但古姓氏中没有"珥"氏。"珥"可能讀爲"耳"。"珥"从"耳"聲,二者能够通假。而且出土文獻中不乏"珥""耳"相通假的例證。③ 王力先生指出"耳""珥"是同源字的關係。④ 孫玉文先生指出"珥"是"耳"的滋生詞。⑤ 所以,"珥"可以讀爲"耳"。"耳"是古姓氏。張亞初先生指出,耳氏始見於商代,耳爲諸侯國名,耳氏是以國爲氏。⑥

三

《盛世璽印録·續三》著録一枚編號76的銅質陽文單字箴言璽,如下圖所示:⑦

整理者未對該字進行考釋。⑧ 我們認爲該字可分析爲从心、亓聲,釋爲

---

① 汪少華:《文獻考辨與考古成果的利用——以"瑱"注釋爲例》,《中國語言學報》第十三期,北京:商務印書館,2008年,第192—198頁。
② (唐)陳黯:《禹誥》,《豐州集稿》,北京:商務印書館,2018年,第369頁。
③ 白於藍:《簡帛古書通假字大系》,福州:福建人民出版社,2017年,第78頁。
④ 王力:《同源字典》,北京:商務印書館,1982年,第95—96頁。
⑤ 孫玉文:《漢語變調構詞考辨》,北京:商務印書館,2015年,第26頁。
⑥ 張亞初:《商周金文姓氏通考》,北京:中華書局,2016年,第81頁。
⑦ 吴硯君:《盛世璽印録·續三》,北京:書法出版社,2020年,第86頁。
⑧ 吴硯君:《盛世璽印録·續三》,第86頁。

"忎",即"惎"之異體,讀爲"忌",意爲"畏懼"或"恭敬"。

該字藉用了璽印上部的邊框以及邊框上部的飾筆,整字應作🔲。李家浩先生指出:"在戰國璽印文字中有這樣一種情況,當印文的筆畫跟印的邊框平行時,往往將跟邊框平行的筆畫省去(有的可以看作是藉用邊框作爲筆畫)。"① 值得一提的是,🔲還藉用了邊框上部的飾筆。戰國文字"忎"或作如下之形:

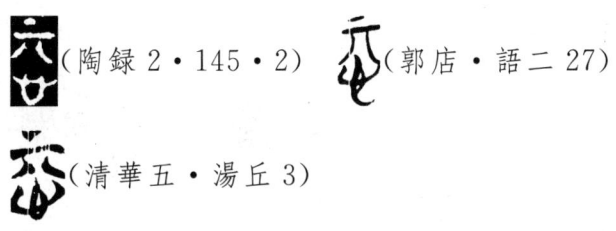

🔲與上舉"忎"字形體相近。其實,🔲如果不藉用邊框上部的飾筆,單純作🔲,也與"忎"字類似,如戰國文字"忎"或作🔲(璽彙 5289)。🔲从"亓",🔲从"丌"。"丌"是"其"截省上部的形體,"亓"是"丌"上增飾畫的形體。② 故🔲可釋爲"忎"。

關於單字箴言璽文字"忎",徐暢先生認爲:"忎,惎之省文。教也(《玉篇》),志也(《廣雅》)。有教導、意志的褒義,也有毒害、忌恨的貶義。"③ 但從出土文獻和傳世文獻的用字情況來看,我們認爲"忎"更可能讀爲"忌"。

---

① 李家浩:《戰國官印叢考》,《安徽大學漢語言文字研究叢書:李家浩卷》,合肥:安徽大學出版社,2013 年,第 87 頁。

② 李學勤主編:《字源》,天津:天津古籍出版社;瀋陽:遼寧人民出版社,2012 年,第 408 頁。

③ 徐暢:《古璽印圖典》,第 445 頁。

"忎"是"惎"之異體,上古音屬群紐之部,①"忌"上古音亦屬群紐之部。"忎"与"忌"聲紐、韵部皆同,存在通假的可能性,傳世文獻中也有"惎""忌"相通假的例證。如《説文》心部:"惎,毒也。从心,其聲。《周書》曰:來就惎惎。"段玉裁注:"今《尚書》無此文,蓋即《秦誓》'未就予忌'也。惎、忌音同義相近。"②傳抄古文中"惎""忎"假作"忌"。③ 出土文獻中也不乏"忎""忌"相通假的例證。④ 另外,古文字"其"或作 ▨(合 9570)、▨(集成 2638)、▨(郭店·尊 5)、▨(汗 6·79)。陳偉武先生引林義光先生"己其皆聲"之説並加以補證。⑤ ▨、▨从己、其;▨从己、丌,己、丌藉筆;▨从己、丌。所以,"忎"可以讀爲"忌"。

"忌"有畏懼的意思。《廣雅·釋詁四》:"忌,恐也。"《玉篇》心部:"忌,畏也。"《左傳》昭公六年:"民知有辟,則不忌于上。"杜預注:"權移於法,故民不畏上。"⑥"忌"也有恭敬的意思。《左傳》昭公元年:"非羈,何忌。"杜預注:"忌,敬也。"古璽中也有許多類似的單字箴言璽,如"慎"(甘露 140)、"共(恭)"(璽彙 5129－5152)、"敬"(璽彙 5001－5049)。"忌"和"慎""恭""敬"一樣,都是古人對自己的規勸告誡。

---

① 陳復華、何九盈:《古韻通曉》,第 138 頁。
② (清)段玉裁:《説文解字注》,北京:中華書局,2013 年,第 519 頁。
③ 李春桃:《古文異體關係整理與研究》,北京:中華書局,2016 年,第 19 頁。
④ 白於藍:《簡帛古書通假字大系》,第 80 頁。
⑤ 陳偉武:《雙聲符字綜論》,《愈愚齋磨牙集:古文字與漢語史研究叢稿》,上海:中西書局,2014 年,第 212 頁。
⑥ 楊伯峻先生認爲此處的"忌"意爲敬。參楊伯峻:《春秋左傳注》(修訂本),北京:中華書局,2016 年,第 1412 頁。

【引書簡稱】

甘露:《甘露堂藏戰國箴言璽》

郭店:《郭店楚墓竹簡》

汗:《汗簡》

合:《甲骨文合集》

集成:《殷周金文集成》

銘圖:《商周青銅器銘文暨圖像集成》

清華五:《清華大學藏戰國竹簡(伍)》

上博二:《上海博物館藏戰國楚竹書(二)》

上博三:《上海博物館藏戰國楚竹書(三)》

説文:《説文解字》

陶録:《陶文圖録》

屯:《小屯南地甲骨》

璽彙:《古璽彙編》

璽考:《古璽彙考》

新蔡:《新蔡葛陵楚墓》

英:《英國所藏甲骨集》

(張飛:中山大學中國語言文學系、"古文字與中華文明傳承發展工程"協同攻關創新平臺,510275,廣州)

秦封泥姓名印考釋六則*

朱 晨

〔摘 要〕《秦封泥集存》中輯録了六百多枚私印,其中有未作釋讀或釋讀有誤的,本文對其中的七枚進行了重新釋讀。通過字形分析,認爲《集存》釋爲"公孫取"和"公孫射"的兩枚應釋爲"公孫冣";"兇禄"可隸定爲"弁禄";"李逹"應釋爲"李達";"梁印"應釋爲"梁氏";"假□"應釋爲"彼死";"臣□"應釋爲"臣鷹"。通過對這幾枚姓名印的考釋,發現數字科技對古文字研究的推動功不可没,秦文字對多種文字形體的保存藴含着巨大研究價值,而姓和名的用字,則體現了更多秦姓名文化的内涵。

〔關鍵詞〕 秦封泥 姓名印 考釋

劉瑞先生編著的《秦封泥集存》①(下文簡稱《集存》)共收録2019年9月前刊布的秦封泥2350種9218枚,是對目前所見秦封泥資料的一次集中整理。"其對秦封泥、中國古代封泥與秦漢考古學與歷史學、歷史地理學研究具有着重要的學術意義"②。同樣,該著作對我們研究秦文字和漢字發展史也具有重要意義。

《集存》在封泥隸定和查重去重方面做了大量實際而有意義的工作,但在其輯録的675枚私印中,仍有未作釋讀或釋讀有誤的地方。下文將

---

* 本文是教育部人文社科一般項目"秦篆文字材料的整理與研究"(20YJC740108)的階段性成果;安徽省教育廳人文社科項目"出土秦文字資料中農業資料的整理與研究"(SK2019A0135)的結項成果。

① 劉瑞:《秦封泥集存》,北京:中國社會科學出版社,2020年。
② 劉瑞:《秦封泥集存·序》,第4頁。

對其中的七枚做出新的釋讀。

一、公孫取(《集存》1391:1)　公孫射(《集存》1392:1)

公孙取(《古封》P415;《山全》P151;《大系》P443)

公孙射(《上封》P76)

從拓片看,兩印幾無二致,應是拓自同一枚封泥無疑,前者最早著錄於《古封》①(本文直接延用《集存》對收錄資料的簡稱,下同),而後者著錄於《上封》②,並增加了原封泥正面和背面的圖片,釋讀也由"公孫取"變成了"公孫射"。仔細查看封泥印面,右邊二字上下排列,爲"公孫"無誤,左邊一字作 ,確實近似於"取"或"射"。《上封》輯錄的原圖如下:

《中國古代封泥》P96

我們可以清晰地看見,該封泥有邊框,有界格,左邊一字右上部略

---

① 孫慰祖:《古封泥集成》,上海:上海書店出版社,1996年。
② 孫慰祖:《中國古代封泥》,上海:上海人民出版社,2002年。

殘,但從筆畫走勢看,外部從冂,當無誤。"冂"內字形左邊爲"耳"右邊爲"手",是"取"字無疑,因而該字爲"冣"。最初釋讀爲"取"可能是將外部所從的"冂"當作了邊框或界格,幸而有清晰的封泥原圖,讓我們得以做出辨別。該封泥當讀爲"公孫冣",《説文》:"冣,積也。从冂从取,取亦聲。"此印中"冣"爲人名。秦封泥中還有"曹冣"(《集存》1278:1)、"吴冣"(《集存》1353:1),"冣"分別作,字形與上面的別無二致,也用作人名。

故《集存》中的"公孫取""公孫射"應重新隸定爲"公孫冣"。

二、兇禄(《集存》1280:1)

兇禄(《古封》P404;《秦封》P378;《璽印》P355;《大系》P436)

該封泥右邊一字《古封》和《秦封》①均隸定爲"兇",《璽印》②隸定爲"兒",《大系》③隸定爲"弁",同一個字形,三種隸定,《集存》採用的是第一種。

《説文》有"兇"字,小篆作兇,籀文作兒,或體作兒,或體隸定爲"弁"。封泥右邊的字與"兇"的小篆形體如出一轍,也當隸定爲"兇"或"弁"。秦封泥中還有"弁胡""弁疾",見下圖:

---

① 周曉陸、路東之:《秦封泥集》,西安:三秦出版社,2000年。
② 周曉陸:《二十世紀出土璽印集成》,北京:中華書局,2010年。
③ 任紅雨:《中國封泥大系》,杭州:西泠印社出版社,2018年。

弁胡(《古封》P401;《秦封》P367;《大系》P436)

弁疾(《古封》P401;《秦封》P367;《璽印》P351;《山全》P178;《濟博》P120)

兩封泥均著録於《集存》1276頁,各家釋讀也没有出入,右邊一字均隸定爲"弁"。其中"弁疾"的"弁"字與"覍"的籀文相似,而"弁胡"的"弁"字與"覍"的或體寫法接近,故"覍禄"也可隸定爲"弁禄"。秦封泥中出現了"覍"的三種寫法,實屬難得,同時也暴露出彼時私印用字的不規範。此封泥中"弁"爲姓,"禄"爲名。"弁"作爲姓氏在秦封泥中出現次數較多,"禄"作爲人名則更多,秦璽印封泥中有"杜禄""楊禄""任禄""駱禄"等,這可能是因爲當時有因襲爲名的風尚。

三、李遬(《集存》1315∶1)

李遬(《山全》P2)

該封泥右邊一字爲"李"無疑義,左邊一字釋爲"遬"似不妥。《説文》"遬"是"欶"的或體,作遬,秦簡中有"遬"字作遬(法199)①。除辵旁相

---

① 張守中:《睡虎地秦簡文字編》,北京:文物出版社,1994年,第23頁。

同外,封泥中的字與小篆和秦簡中"逹"字右邊寫法完全不同,故此字不應爲釋"逹"。

秦封泥中有"臣達"(《集存》1284:1)、"田達"(《集存》1332:1)、"徐達"(《集存》1358:1),見下圖:

臣達(《大系》P438)

田達(《古封》P400;《璽印》P352;《山全》P214;《大系》P461;《濟博》P119)

田達(《濟博》P119)　　　徐達(《山全》P263;《大系》P468)

三枚封泥中的"達"字寫法與上述被釋爲"逹"的  寫法完全相同,故此字釋爲"達"。此外,秦封泥中還有官印"典達","達"字作 (《集存》147:1a)、 (《集存》147:2),與私印中的寫法也無二致。故該封泥應釋爲"李達","李"爲姓,"達"爲名,二字均爲秦封泥常見的姓和名。

四、梁印(《集存》1316:1)

梁印(《大系》P451)

該封泥《大系》也隸定爲"梁印"。但是仔細查看左邊一字,作 ,與秦封泥中常見的"印"字明顯不同,不應釋爲"印",此字疑爲"氏"。

秦封泥中"氏"字多見,分別作:

皮氏《大系》P187　　　端氏丞印《集存》775:1

茲氏□□《大系》P389　　緱氏丞印《集存》837:1a

秦印、秦陶文中的"氏"字作:

烏氏工昌　秦陶文新編①1237　　郝氏　秦代印風②57

皮氏卯　秦陶文新編1363　　李氏　秦代印風138

秦陶文中"氏"的寫法與封泥更爲接近,特別是"皮氏卯"中的"氏",與封泥中的幾無二致。故此字當讀爲"氏",印面爲"梁氏",姓名印。從此印也可看出秦封泥的私印用字的隨意性。

---

① 袁仲一、劉鈺:《秦陶文新編》,北京:文物出版社,2009年。
② 許雄志主編:《秦代印風》,重慶:重慶出版社,2011年。

五、假□(《集存》1307:1、2)

假□(《相家》P33;《大系》P436)　　　假□(《璽印》P361)

1《相家》①釋爲"假□",《大系》釋爲"彼死";2《璽印》釋爲"彼死"。《秦封泥集釋》②也釋爲"彼死"。

查看《集存》中的兩枚封泥,上面一字分別作[字]、[字],秦封泥中有"軍假司馬"(《集存》419:1),"假"字右邊殘,作[字],但中間部分下面兩短橫還是比較明顯的。考察"假"和"叚"在古文字中的寫法,下部兩短橫基本没有省略的情況,故此字應不是"假"。秦簡中有"彼"字,作[字](雲夢·秦律一七四)、[字](日甲六正)③,其與封泥文字的最大區別是中間和右邊上部是一體的,而封泥中該部分斷開了,斷開的情況恰與小篆作[字]相同,似乎也可從側面説明秦印及封泥文字與小篆一脈相承。封泥中的兩字釋爲"彼"應無異議,此處用爲姓氏。

封泥下方一字作[字]、[字],左從歹,右從人,當爲"死"。與小篆"死"字作[字]同,此處用作人名。"死"作人名似不多見,但秦封泥中常見以病

---

① 〔日〕平出秀俊:《新出相家巷秦封泥》,日本:藝文書院,2004年。
② 劉瑞:《秦封泥集釋》,上海:上海辭書出版社,2021年,第1381頁。
③ 黄德寬主編:《古文字譜系疏證》,北京:商務印書館,2007年,第2345頁。

名爲名,如"陳瘳""新龐""弁疾"等,故以"死"爲名也可理解了。

《秦封泥集釋》還補充了《大系》P478 中釋爲"□外"的一枚封泥,也釋爲"彼死",如圖:

□外(《集釋》P1381)

封泥左邊一字當爲"死"字,與 [①]較爲接近,右邊一字殘,從殘畫看,爲"彼"的可能性較大,故此封泥也可釋爲"彼死",可補充進《集存》相應條目下。

六、臣□(《集存》1284:1)

臣□(《大系》P438)

該封泥印文較爲清晰,左字左上部從"厭",右下部從"黑",當爲"黶"字。《說文》有"黶"字,"申黑也,从黑厭聲"。該印《大系》和《秦封泥集釋》均隸定爲"臣黶",不知《集存》爲何未作釋讀。此當爲姓名印,"臣"爲姓,"黶"爲名。

秦封泥資料的完整輯錄和正確釋讀是開展深入研究工作的前提和基礎,以上考釋的《集存》中收錄的姓名印,前四則有誤釋字、第五則既有

---

① 黃德寬主編:《古文字譜系疏證》,第 3132 頁。

誤釋字又有未釋字、第六則有未釋字,我們對此提出了新的釋讀意見。其中"冣"的釋讀是由於有了更爲清晰的圖片和版本,可見數字科技對古文字研究的推動功不可没;"弁"字三種文字形體的保存,則讓我們看到秦文字藴含的更大的研究價值;秦封泥姓名印中關於姓和名的用字,則讓我們探求到更多秦姓名文化的内涵。秦封泥值得我們去做更多的發現和研究。

《集存》中還有一枚"□漢丞印"(《集存》1100:1),圖例如下:

□漢丞印(《大系》P157)

《大系》隸定爲"臨漢丞印",考察印面,右上角確爲"臨"字無疑。秦封泥中有一"臨晉丞印"(《秦封泥彙考》①P190)之"臨"字作 ,与此封泥中的"臨"字接近。据《中國古今地名大詞典》:"臨漢縣,古縣名。唐天寶元年(742年)改安養縣置,治今湖北省襄樊市北。屬襄陽郡。貞元二十一年(805年)廢。"②其他古籍中暫未出現該地名,如若釋讀無誤,那么可補秦歷史地理研究的缺漏。但此封泥"臨""漢"二字分别排列在右上和左下,秦封泥中將地名分開排列的情况不多見,暫列此,期待更多學者的關注和探討。

(朱晨:安徽農業大學國際教育學院,230036,合肥)

---

① 傅嘉儀:《秦封泥彙考》,上海:上海書店出版社,2007年。
② 戴均良等主編:《中國古今地名大詞典》,上海:上海辭書出版社,2005年,2145頁。

讀天回醫簡札記一則

李婷璇

〔摘　要〕　天回醫簡《順逆五色脈臧驗精神》簡 42 之"![]"字當改釋爲"壺","犮壺"可能是灸法的一種,是一種將葫蘆吸附於皮膚表面以吸血拔膿的治療方法。"犮壺"也可解釋爲"犮胡","勿復犮胡"即不要進一步擴大施術範圍或進一步施灸。簡 41 "壹傅之"可以解釋爲每日用敷的方法治療創口。

〔關鍵詞〕　天回醫簡　犮壺　壹

天回醫簡《順逆五色脈臧驗精神》簡 41、42 簡文内容如下：

　　犮之方,病淺石而犮之,病深則犮而石之。血多,![壹]傅之；血少☐　　　　　　　　　　　　　　　　　　　　（簡 41）

　　創煖如常膚,勿復犮。![壺]創清,不可不=復=（不復,不復）則病移痛,此犮之大數☐　　　　　　　　　　　（簡 42）

簡 41 簡述了要根據病之深淺施犮石之法,簡 42 則論及根據皮膚之冷暖決定是否再犮。我們注意到,兩支簡都出現了所謂"壹"字,放入簡文中不知何解,文意不可讀通。細審"![壹]""![壺]"二形,字形差異較大。若整理者的編連無誤,同一篇簡文,相鄰兩支竹簡,同一個字的書寫差異如此之大,這是比較少見的。

古文字中"壺"及"壹"字形相近,較易訛混。秦漢簡中的"壺"字作：

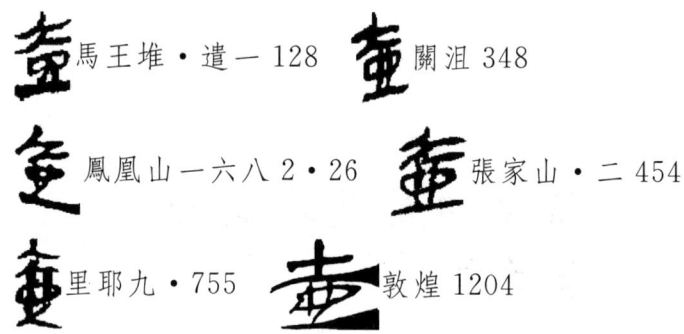

甲骨文壺作 (合18560)、(合18559)、(合18561)等形。羅振玉:"上有蓋,旁有耳,壺之象形也。"① 秦漢簡中的"壺"字,象壺蓋的部分訛作"大"形或"土"形,又將壺之左右兩耳相連,多用一筆寫成。通過比較字形,簡42中整理者釋"壹"的""形與敦煌漢簡中的""形下部全同,衹是敦煌漢簡上象壺蓋的部分訛作"土",故""字當改釋爲"壺"。

秦漢簡中的"壹"字字形根據字形下部寫法的不同可分爲以下幾類:

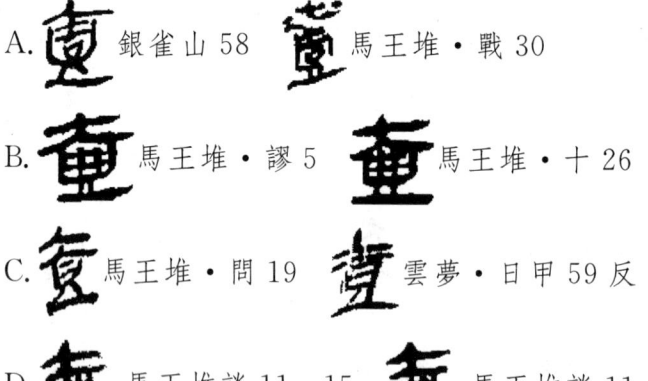

《說文》:"壹,从壺,吉聲。"A 類字形從壺之象形,將聲符"吉"置於壺腹中;B 類形體將"吉"形簡化作"井"形;C 類字形在 B 類字形的基礎上將"井"形省去兩豎筆,進一步簡化作兩小短橫;D 類字形則將"井"形去掉一

---

① 于省吾主編:《甲骨文字詁林》,北京:中華書局,1999年,第2702頁。

橫筆,簡化作"艹"形。置該字簡化路徑於下:

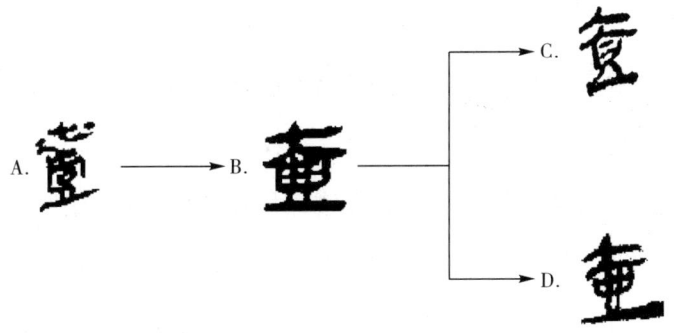

秦漢簡中"壺"字簡化路徑

簡 41"壺"形與"壺"字 C 類字形相似,聲符"吉"簡化作兩小短橫,整理者釋"壺"無誤。

值得注意的是,D 類"壺"形的寫法與"金"形亦有相近之處,但"金"形中部的"ロ"筆是壺之兩耳相連而成,而 D 類字形"壺"之"凵"筆爲壺腹象形,與橫筆相交成"口"形,與一筆而成的"ロ"形有異。故二形雖中部有相似之處,但並不爲一字。

確定了字形,將其置於簡文中。按照整理者句讀,簡 42"壺創清"不可讀通,似應斷讀爲"創煖如常膚,勿復友壺"。

傳世文獻中可見"拔壺"一詞,《醫宗金鑒》卷三十九記一種治療犬咬破傷風的療法:"外用砂燒酒壺兩箇,盛多半壺燒酒,先以一壺上火,令滾無聲,傾酒即按在破傷瘡口,拔出污黑血水,滿則自落。再以次壺仍按瘡口,輪流提拔,以盡爲度,其風立愈。"《本草綱目拾遺》一書則記:"砂壺,出宜興,紫泥者佳,入藥、吸毒用,取其口光滑而薄,不傷肌肉也。"

這種治法類似於現在民間的拔罐療法。所謂"拔罐",即排出或消耗罐內氣體使罐內形成負壓狀態,在負壓作用下使罐吸附於皮膚表面,刺激經絡腧穴或排膿,是治療疾病的一種方式。因其作用與灸法有相似之處,是故南京中醫學院主編的《針灸學講義》就將其附於灸法之後。①

筆者懷疑"灰壺"曾是灸法的一種,二者都施術於皮膚表面,以刺激人體的經絡及腧穴,且都常與針刺配合進行治療,這也與簡文"石灰"二法並用的内容相合。

上文提到的兩本醫書成書於清代,年代較晚,但是利用物體的負壓進行治療的記録最早見於馬王堆《五十二病方》,用獸角吸拔手術中要割取之物。這起碼説明漢代先民已有用物體負壓在皮膚表面進行治療的意識。傳世醫書中目前可見最早的有關於"角法"的記載是東晉葛洪的《肘後備急方》,曰:"癰疽、瘤、石癰、結筋、瘰癧皆不可就針角。針角者,少有不及禍者也。"此處的"針角",在陶弘景的《補缺肘后百一方》中有進一步解釋,即先用針刺破患處,再用角法吸拔出毒膿。此處的"角法"已與針刺相搭配,用於吸血拔膿的外科治療。

吕雙雙的碩士學位論文詳列魏晉至明清古代醫籍對"角法"的記載,"角法"所用器具並非單爲獸角,亦使用竹筒、瓷罐、陶罐等。② 簡文中的"壺"可能並非清代醫籍中的"砂壺",因爲前期"角法"所用之物多取自自然,此處的"壺"有可能是"葫蘆"。馬王堆漢簡《五十二病方》簡230"穿小瓠壺",原注:"瓠壺,即壺蘆,古代瓠、壺通稱。"可見漢初"壺"即可指"葫蘆"。孫海舒的博士學位論文指出"角法"可能並不起源於我國,③而印度《妙聞集》一書即載兩種利用負壓的吸血法:吸角与葫蘆。

至於爲何"角法"(拔罐)作爲一種灸法在中國古代醫籍中甚少被提

---

① 南京中醫學院編著:《針灸學講義》,上海:上海科學技術出版社,1964年,第241—242頁。

② 吕雙雙:《拔罐療法的歷史源流探究》,黑龍江中醫藥大學碩士學位論文,2015年,第12—24頁。

③ 孫海舒:《〈針灸學〉知識體系研究》,中國中醫科學院博士學位論文,2016年,第69頁。

及,廖育群在文中有所論及:①

  ……對於拔罐一事,不應祇關注其"存在"的歷史,更重要的是通過其在中國歷史上的地位與利用程度來認識拔罐與中醫學的關係問題,即何謂"中醫",何謂"TCM"(Traditional Chinese Medicine)的問題。概言之,無論是將利用負壓所造成的可見的皮下出血,還是將結合針刺之法吸出的暗黑色靜脈之血視爲"病邪""毒氣",都是一种非常直觀而低级的認識,因而才会廣泛見於各民族較爲原始的醫療行爲中——即通常所言"民間療法";而"TCM",當属植根於這一基礎之上,經过選擇、淘汰,逐漸形成的具有完整理論體系的醫學知識體系——在這個體系中,逐漸剔除了上述原始的"直觀"病邪認識與巧除的方法。因而即便是在中國古代,這種治療方法也始終處於"邊緣地帶",沒有納入"正統",因而也不是構成"傳統"即"TCM"的重要元素。

此外,《順逆》簡 24:"犮者,去洫以平盈;石者,客有餘以驗鈞。"簡文内容總論犮石二法。"犮壺"之法吸膿去毒,正合"去洫平盈"之理,可做旁證。

另一種意見是此處"壺"可通爲"胡"。古音壺爲匣母魚部,胡爲見母魚部,聲母相近,韻部相同,故壺、胡可通。《方言》卷一一:"䰰,其大而蜜者謂之壺䰰。"錢繹《箋疏》:"壺,古字與胡通。"《廣雅·釋詁一》:"胡,大也。""創燪如常膚,勿復犮壺"即言若創口溫度正常,就不要再進一步擴大施術範圍或進一步施灸。《千金要方》卷二十二載:"若病人不堪痛,不能盡作大灸。"《金匱玉函經》卷二:"灸大過熟,大害人也。"

簡 41"壹傅之","傅"在傳世醫書及醫簡中屢見,意爲"敷",即將藥物

---

① 廖育群:《"杯吸"與"蛭吸"的中外比較研究》,《中國科技史雜志》2010 年第 3 期,第 257—272 頁。

敷於傷口表面的治療方法。馬王堆漢簡《五十二病方》簡400至簡407記一治療蟲蝕症的方法，截取其中一段簡文，内容如下：

□□□□□□□□明日有(又)灑以湯，傅【藥】如前。日壹灑，日壹傅藥，三□□□□□□□□數，肉產，傷□□肉而止。

其中"日壹傅藥"指的是每日都外敷藥一次，簡41"壹傅"也當是此意。"壹傅之"可解釋爲：每日用敷的方法治療它（創口）。在《千金翼方》及《類證本草》等醫書中，記載了大量用草藥"傅"於創口之上以止血的藥方，如《千金翼方》卷二十："兵創方，擣車前汁傅之，血即止。"

綜上，我們認爲天回醫簡《順逆五色脈臧驗精神》簡42之"𠫑"字當改釋爲"壺"，"犮壺"可能是灸法的一種，是一種將葫蘆吸附於皮膚表面以吸血拔膿的治療方法。"犮壺"也可解釋爲"犮胡"，"勿復犮胡"即不要進一步擴大施術範圍或進一步施灸。簡41"壹傅之"可以解釋爲每日用敷的方法治療創口。

【附記】

拙作蒙徐在國師、李鵬輝先生、張文成師兄、韓亦傑師兄、徐靜靜師姐審閱指正，謹致感謝！

（李婷璇：安徽大學漢字發展與應用研究中心、"古文字與中華文明傳承發展工程"協同攻關創新平臺，230039，合肥）